Gefühle, Gedanken und Geschichten
aus dem Tagebuch von Floortje Peneder.

Floortje wurde am 26. Juni 1977 geboren
und starb am 28. Februar 1993 an Leukämie.
Sie begann ihr Tagebuch mit zwölf Jahren.

Dieses Buch wurde auf chlor- und säurefreiem Papier gedruckt.

Deutsche Erstausgabe September 1996
© 1996 für die deutschsprachige Ausgabe
Droemersche Verlagsanstalt Th. Knaur Nachf., München
Das Werk einschließlich aller seiner Teile ist urheberrechtlich geschützt.
Jede Verwertung außerhalb der engen Grenzen des Urheberrechts-
gesetzes ist ohne Zustimmung des Verlages unzulässig und strafbar.
Das gilt insbesondere für Vervielfältigungen, Übersetzungen,
Mikroverfilmungen und die Einspeicherung und Verarbeitung
in elektronischen Systemen.
Titel der Originalausgabe »Het Dagboek van Floortje Peneder«
Copyright © 1994 by erven Floortje Peneder
Originalverlag Nijgh & Van Ditmar, Amsterdam
Umschlaggestaltung Schlotterer & Partner, München
Umschlagfoto Philip Mechanicus, Amsterdam
Satz MPM, Wasserburg
Druck und Bindung Ebner Ulm
Printed in Germany
ISBN 3-426-75087-2

5 4 3 2 1

FLOORTJE PENEDER

Wie ein kalter Griff an mein Herz

Tagebuch
einer Leukämiekranken

Aus dem Niederländischen
von Stefanie Schäfer

»Vielleicht bleibt
ihnen dann ein deutlicheres
Bild von mir«

Inhalt

Vorwort

Floortje wurde am 26. Juni 1977 geboren.

Zwei Monate nach ihrem zwölften Geburtstag, im August 1989, wurde bei ihr akute lymphatische Leukämie mit erhöhtem Risiko festgestellt. Dieses erhöhte Risiko bedeutete, daß für sie eine gewisse Gefahr bestand, wieder Leukämie zu bekommen.

Von August 1989 bis einschließlich März 1990 wurde sie mit Zytostatika behandelt; abwechselnd in der Abteilung Onkologie und der Ambulanz der Amsterdamer Universitätsklinik (AMC = Academisch Medisch Centrum). Von April 1990 bis einschließlich 31. Januar 1991 bekam sie Erhaltungstherapien in Form von Tabletten, die ganz einfach zu Hause eingenommen werden konnten.

Sie wurde gesund. Wir hatten alle viel Vertrauen in die Zukunft. Am 28. August 1991 wurde jedoch festgestellt, daß die Leukämie zurückgekehrt war. Wieder folgte eine Behandlung mit Zytostatika, diesmal von August 1991 bis einschließlich März 1992.

Danach erfolgte die autologe (eigene) Knochenmarkstransplantation (Vater, Mutter und Schwester erwiesen sich nicht als geeignete Spender). Floortje lag vom 6. April bis zum 9. Mai 1992 in einem Isolierzimmer (KMT-Box) im AMC.

Die Monate danach waren schwierig.

Durch die Bestrahlung hatte Floortje einen eigenartigen Geschmack im Mund und keinen Geruchssinn. Sie konnte kaum essen, nur etwas Suppe, Apfelmus und Brot ohne Rinde.

Im Juli 1992 begann sie, sich etwas zu erholen und etwas mehr zu essen. August und September waren wunderbare Monate.

Es dauerte nur kurze Zeit. Im Oktober 1992 bekam sie eine schwere Lungenentzündung. Wieder lag sie vier Wochen lang krank zu Hause, wieder mußte sie die Schule versäumen. Sie ging inzwischen in die zehnte Klasse auf dem Gymnasium, und ihre schulischen Leistungen waren zu diesem Zeitpunkt befriedigend bis gut, obwohl sie im Schuljahr davor soviel versäumt hatte.

Die Rekonvaleszenz verlief schleppend.

Kurz vor Weihnachten 1992 hatte sie den Verdacht, daß sie wieder Leukämie hätte. Sie wollte sich nicht untersuchen lassen, weil sie sowieso am 4. Januar 1993 zur Kontrolluntersuchung mußte. An diesem Tag war tatsächlich das Blutbild nicht ganz in Ordnung. Am 11. Januar war es noch schlechter; es folgte eine Knochenmarkspunktion.

Es stand fest, daß die Leukämie wiedergekommen war, diesmal unheilbar. Man bot ihr eine Therapie von sechs Wochen an, um ihr Leben um ein paar Monate zu verlängern.

Sie begann am 18. Januar mit der ambulanten Behandlung, und die Therapie dauerte bis einschließlich 28. Februar 1993 ...

Hennie Peneder

LP	=	Lumbalpunktion bzw. Rückenmarkspunktion
KP	=	Knochenmarkspunktion
Leukos	=	Weiße Blutkörperchen
HB	=	Rote Blutkörperchen
Thrombos	=	Blutplättchen

Normale Blutwerte:

Leukos	=	4–11
HB	=	7,5–10
Thrombos	=	130–360

Asparaginase, mtx und *Vincristin* sind verschiedene Zytostatika (Chemotherapie).

Nebenwirkungen der Zytostatika:

1. Prednison — übermäßiger Appetit und Gewichtszunahme
2. Vincristin — Haarausfall
— Schmerzen in Beinen, Armen, Rücken
— Schwäche in Beinen und Armen
— Verstopfung
3. Asparaginase — Leberschädigungen
— Veränderungen der Blutgerinnung
— Allergische Reaktionen
4. Methotrexat (mtx) — Geschwüre im Mund
— Leberschädigungen
— Knochenmarkhemmung
— Erbrechen

Port-a-cath ist ein System, das speziell dafür entwickelt wurde, häufige oder lang andauernde Behandlungen mit Medikamenten, die gespritzt werden müssen, zu vereinfachen. Das System besteht aus einer Injektionskammer, die mit einem Katheter (Schlauch) verbunden ist. Beides zusammen wird unter der Haut angebracht. Die Injektionskammer liegt dicht unter der Haut, ist deshalb einfach zu ertasten und kann leicht angestochen werden. Es ist dann nicht mehr notwendig, jedesmal in die Blutgefäße der Arme zu stechen.

SDD = Selektive Darm-Dekontamination (präventiver Antibiotika-Gebrauch gegen Infektionen bei Leukos unter 1)

Tavergil ist ein Wirkstoff gegen allergische Reaktionen.

< = weniger als

Liebes Tagebuch
1989–1991

Liebes Tagebuch

Hallo, ich bin Floortje Peneder.
Ich bin fast zwölf Jahre alt, ich bin 1977 am 26. Juni abends um 11 Uhr geboren. Ich habe eine Schwester, Geertje, sie ist fast vierzehn. Mein Vater ist vierzig Jahre alt und heißt Hans, und ich habe eine Mutter, achtunddreißig Jahre alt, die heißt Hennie.
Ich werde dich einfach nur »Liebes Tagebuch« nennen.
Also, ich hoffe, daß wir viel zusammen erleben werden.

Tschüüüüüüüs,
Floortje

Ich hoffe, du erschreckst dich nicht, aber ich liege jetzt im Krankenhaus.

Mama und ich sind gestern zum Arzt gegangen, weil ich schon eine ganze Zeit lang krank bin und starken Husten hatte. Das war nachmittags um drei, und gleich danach habe ich im Krankenhaus Blut abgenommen bekommen. Um sechs Uhr stand der Doktor vor der Tür und sagte, daß mein Blut nicht in Ordnung sei und wir ins Krankenhaus nach Amsterdam müßten, wo ich wahrscheinlich übernachten müßte; und so geschah es dann auch.

Ich liege jetzt alleine in einem Zimmer, im Kranken-haus(bett). Ich bin müde und schreibe jetzt nicht weiter.

LEUKOS: 33,7/HB: 6,2/THROMBOS: 47

Küßchen,

Floortje

Sonntag, 13. August 1989

Da bin ich wieder ...

Es ist jetzt fünf nach fünf Uhr morgens, aber ich will doch eben schreiben, was ich habe.

Ich habe also zu wenige rote Blutkörperchen und zu wenige Blutplättchen und zu viele falsche weiße Blut-körperchen. Das alles zusammen heißt Leukämie.

Ich habe zwar schon ein paarmal geträumt, daß ich das hätte, aber doch nicht erwartet, daß ich es kriegen würde. Das Knochenmark ist jetzt krank, denn das

Knochenmark stellt weiße und rote Blutkörperchen und Blutplättchen her. Im Moment stellt es nur noch die falschen weißen Blutkörperchen her.

Mir ist etwas Knochenmark abgenommen worden, und das tat sehr, sehr weh. Ich habe auch eine Spritze in den Rücken bekommen.

Bei den Rückenwirbeln stehen die Knochen wie die Knöchel von zwei Fäusten gegeneinander. Wenn man sich ganz krumm hinlegt, dann stehen sie auseinander. Sie mußten zwischen meine Knochen spritzen. Ich habe mich also ganz krumm hingelegt. Erst wurde Flüssigkeit herausgeholt, und dann wurde Medizin hineingespritzt. Jetzt tut mein Rücken sehr weh, und ich habe schon die zweite Schmerztablette genommen.

Bei der Knochenmarkspunktion wurde mir in einen Knochen gestochen, der an der Hüfte liegt, es tat wirklich furchtbar weh, und ich habe sofort gesagt: Nie wieder darf man mir Knochenmark abnehmen. Na ja, es muß aber natürlich noch mal gemacht werden.

Immer wenn man etwas nicht will, muß es trotzdem gemacht werden. Aber das nächstemal bekomme ich eine Narkose.

Ich liege jetzt im besten Krankenhaus der Niederlande, mit dem besten Professor der Niederlande: Professor Voûte.

Jetzt gehe ich schlafen.

Küßchen,

Floortje

P.S.: Ich bleibe ungefähr sechs Wochen hier. Deshalb muß ich hier auch zur Schule gehen.

Liebes Tagebuch

Ich habe schreckliche Schmerzen im Rücken, und ich will nicht weinen, aber ich muß es trotzdem. Außerdem habe ich mich gerade übergeben, und ich vermisse Mama und Papa so sehr.

Küßchen,
Floortje

14. August 1989

Ich habe jetzt starke Kopfschmerzen und weiß nicht genau, wie ich mich fühle oder wie ich mich fühlen sollte. Ich werde, damit ich gesund werde, erst kränker gemacht, und dann soll es mir besser gehen, ein bißchen jedenfalls. Ich habe nicht sehr viel Lust zu schreiben, aber ich schreibe trotzdem weiter. Das scheint mir gutzutun. Tut es tatsächlich. Ich kann meine Gefühle in dir aufschreiben, und das ist auch schön.

Alles Liebe und Küßchen von Floortje

17. August 1989

Ich fühle mich heute schon viel besser. Keine Kopf- oder Rückenschmerzen mehr. Ich höre kurz auf, denn ich muß aufs Klo.

Tut mir leid, nachdem ich auf dem Klo war, habe ich nicht weiter geschrieben. Es ist also jetzt schon der nächste Tag.

Es ist wirklich blöd, aber ich muß jeden Tag unter die Dusche. Jetzt wirst du sagen: »Was ist denn da Schlimmes dran?« Aber unter der Dusche kriege ich sehr starke Kopfschmerzen, und es geht mir schlecht.

Weißt du was, weil ich allen immer so leid tue hier in meinem Zimmer, schaut Gerard (ein Freund) nach, ob er noch einen kleinen Computer mit Spielen drauf hat, den kriege ich dann hier hingestellt. Super, was?

Ich habe schon jede Menge Geschenke und Karten bekommen, und ich liege erst seit einer Woche hier. Na ja, eine Woche ist ganz schön lang, aber ich habe schon zehn Karten gekriegt, ein Tagebuch, zwei Spiele, Millionen von Küssen und Grüßen, zwei Bücher und einen wunderschönen Stein von Berbel. Eigentlich muß ich Berbel noch einen Brief schreiben, um mich zu bedanken, aber jetzt schreibe ich in dir, also habe ich gerade keine Zeit.

Jeanette ist auch vorbeigekommen und hat mir Tomaten, Bonbons, zwei Dosen zu trinken und eine hübsche Karte mitgebracht. Lieb, was?

Ich höre jetzt auf, denn Lot kommt.

Ich habe geduscht und liege jetzt wieder im Bett. Ich habe zwar wieder Kopfschmerzen, aber nicht mehr so schlimm wie das letztemal.

Lot ist eine von den Schwestern hier, und sie ist sehr lieb. Sie ist meine Lieblingsschwester, würde ich sagen. Es gibt auch noch andere sehr liebe Schwestern hier, aber Lot war die erste, die sich um uns gekümmert hat, als wir hier ankamen. Ich habe jetzt nasse Haare vom Duschen, also föne ich mich erst mal. Moment mal, finde keine Steckdose, föhne mich später.

Ich finde es wirklich wahnsinnig ätzend, aber durch die Medikamente fallen meine Haare aus, und deshalb kriege ich eine Perücke. Heute kommt eine Friseuse und schaut sich meine Haare an.

Es ist schon irgendwie spannend, mal zu sehen, wie der Kopf ohne Haare aussieht. Aber wenn ich es mir aussuchen könnte, würde ich garantiert lieber meine Haare behalten.

Jetzt schreibe ich mal an Berbel.

Alles Liebe und Küßchen von Floortje

20. August 1989

O Mann, der Brief an Berbel ist echt lang geworden, fünf große Seiten.

Gestern abend habe ich was Leckeres gegessen:
Baguette, Obst, Ketchup und Fleisch.

Und heute morgen zwei superleckere Brote mit Schinken.

Alles von zu Hause.

Ich habe noch eine Karte von Oma gekriegt, eine von meiner Lehrerin Frau Diderick und eine Riesenkarte von Dyonne.

Sonst gibt es nichts zu schreiben.

Floortje

Heute morgen habe ich einen Riesen-Luftsprung gemacht.

Gestern abend haben wir gefragt, ob Berbel vorbeikommen dürfte. Es hieß, wahrscheinlich nicht, aber Eltje (eine Krankenschwester) wollte noch mal fragen, und heute morgen sagte sie, daß es ginge! Na, hoffentlich kann Berbel. Ich denke schon, aber man weiß ja nie.

Ich habe heute morgen schon schnell geduscht. Das war ganz gut. Dann lag das nicht mehr vor mir wie ein Berg. Ich bekomme meine Medikamente jetzt anders. Erst kriegte ich Pillen, aber die waren so schwer runterzuschlucken. Dann bekam ich sie feingemahlen in Rotbäckchen-Saft. Also, davon mußte man auch kotzen. Und jetzt gibt es wieder Pillen, allerdings mit Joghurt.

Küßchen, Floortje

Liebes Tagebuch

Ich weiß nicht, der wievielte heute ist. Aber ich weiß, daß ich schon eine Weile nichts geschrieben habe.

Es ist Donnerstag, und ich liege jetzt fast zwei Wochen im Krankenhaus. Halt, warte mal, vielleicht kann ich gerade mal das Datum ausrechnen, moment ... wir haben den 24. August 1989.

Heute wurden meine Haare abgeschnitten. Ich selbst finde es total blöd, aber Lot findet, daß es mir gut steht. Man muß sich wahrscheinlich daran gewöhnen. Marga (die Spielleiterin) findet es auch hübsch. Pappi auch, aber der hat schon immer gesagt, daß ich meine Haare abschneiden sollte. Geertje und Mama gefällt es auch ganz gut. Es ist echt total kurz, so ein richtiger Jungen-haarschnitt. Ich habe meine Haare aber noch, sie liegen in einem Zopf auf der Fensterbank.

Ich habe einen Computer bei mir im Zimmer mit Spie-len drauf. Im Bildschirm kann ich mich selbst sehen, aber ich schaue nicht hin. Ich will nicht hinschauen. Habe doch kurz geguckt, er steht nämlich ein bißchen aufrecht. EKELHAFT!

Sonst geht's mir ganz gut. Es wurden zuletzt keine verkehrten weißen Blutkörperchen mehr in meinem Blut gefunden. Das ist gut. Das Ergebnis von heute weiß ich noch nicht. Es sieht so aus, als ob ich alles richtig mache, Medikamente einnehmen und so. Aber ich glaube, daß ich auch gut auf die Medikamente reagiere. Ich möchte schon weiterschreiben, aber mir fällt nichts mehr ein. Nur, daß ich Millionen von Karten bekom-men habe.

Küßchen, Floortje

27. *August 1989*

Viel habe ich nicht zu schreiben, aber ich muß mich doch kurz melden, um zu sagen, wie es mir geht.
Ich habe gerade ganz lange unter der Dusche gesessen. Super! Ich habe auch damit angefangen, mein Tage-buch in den Computer zu tippen, für später.

Heute geht es mir mal richtig gut, bis jetzt jedenfalls; es ist erst zwanzig nach zehn morgens.

Weißt du, es gibt hier auch Segeltouren im Sommer und Skifreizeiten im Winter. Ganz vielleicht fahre ich auch mit auf so eine Freizeit. Das wäre toll, was? Aber ich muß noch mal mit Ruti (einer Schwester) darüber sprechen. Wie das alles geht und so.

Küßchen, Floortje

28. August 1989

Heute ist Geertje nicht gekommen.

Es ist jetzt Viertel vor elf abends. Tagsüber ist sie nicht mitgekommen, aber das war nicht schlimm, denn sie mußte ihren Stundenplan und ihre Bücher abholen. Aber heute abend wollte sie kommen.

Sie ist Tennis spielen gegangen mit Richelle, Anne-Claire und einer gewissen Monique, im Tennisclub. Echt ätzend. Ich weiß, daß sie auch ein Recht darauf hat, Spaß zu haben, aber trotzdem. Ich hatte extra für sie eine Banane aufgehoben, und sie wollte bis Mittwoch jeden Tag vorbeikommen. Morgen nachmittag kommt sie auch nicht, und morgen abend müssen sie früh weg, denn Geertje muß am Mittwoch in die Schule.

Ich habe zwar die Halskette von Geer bekommen und ein Foto von ihr. Trotzdem finde ich es blöd. Wenn sie im Krankenhaus liegen würde, würde ich auch nicht mit Minke zum Hockeyclub gehen. Aber egal.

Heute habe ich wieder Spritzen bekommen. Die zweite Therapie. Ich hoffe, daß ich für ein paar Tage nach Hause darf. Aber das geht bestimmt nicht.

Ich bin auch mal neugierig, wie das mit der Schule weitergeht. Es ist immer noch kein Lehrer hier gewesen. Ich muß mein Nystatin (Antibiotikum) noch nehmen, das mache ich jetzt gleich. Moment ... Iihh, was ist das Zeug fies! Wahnsinnig süß und trotzdem mit Pfefferminzgeschmack. Igitt, scheinbar mögen Babys das gerne. Ich mußte ein paarmal davon kotzen.

Ich bin gespannt, wer heute nacht Dienst hat. Gestern hatten Lot und Monique Nachtdienst. Alle beide wollten mich haben, und dann hatte ich sie alle beide. Wir hatten natürlich echt Spaß zusammen.

Ich weiß nicht, ob du Monique schon kennst, aber sie ist sehr nett. Auch eine von den Krankenschwestern, klar. Ach ja, Laura ist aus dem Urlaub zurück und hat heute morgen bei uns zu Hause angerufen. Mama hat es der Mutter von Laura erzählt, und die hat deswegen geweint. Das hätte ich nicht gedacht. Ich hoffe, daß ich bald eine Karte von Laura bekomme.

So, jetzt höre ich auf, Zähne putzen und pennen.

Küßchen, Floortje

5. September 1989

Heute (als Pappi da war) kam Professor Voûte rein und sagte, daß ich bald nach Hause könne.
Ich war total froh.

Er ging kurz weg, um nachzuschauen, wann genau. Er kam zurück und sagte, daß ich morgen schon nach Hause darf.

Ich habe mich wie verrückt gefreut, und als ich es abends Mama und Geertje erzählt habe, wollten sie es erst nicht glauben. Ich hatte im Aufenthaltsraum Klavier gespielt, also habe ich es so erzählt:

Floor: Ich habe heute noch mal Klavier gespielt.

Hennie: Du hast Klavier gespielt?

Floor: Ja, ich dachte, bevor man mich aus meinem Zimmer rausschmeißt, will ich doch noch mal Klavier spielen.

Hennie: Aber man schmeißt dich doch nicht aus deinem Zimmer raus.

Floor: DOCH, ICH DARF MORGEN NACH HAUSE!!!

Hennie: WAS?? EHRLICH WAHR???

Floor: JA, ECHT WAHR, HURRA!

Geertje: O MANN, SUPER.

LEUKOS: 0,3/HB: 5,5/THROMBOS: 76

Alles Liebe, Floortje

Liebe, liebe Oma,

Ich freue mich über die Karten von Dir,
deshalb dieses Gedicht von mir.
Erst hab' ich an eine Zeichnung gedacht,
aber dann doch lieber ein Gedicht gemacht.

Da bin ich besser drin
und Reime finden mit einem Sinn
geht leichter als lange rumzufummeln
und zu zeichnen mit meinen Bleistiftstummeln.

Doch mit etwas Mühe wird es mir glücken
gleich dieses Blatt für dich auszuschmücken.

Tabletten schlucken klappt manchmal nicht gut,
und doch behalte ich meinen Mut.
Lange Haare habe ich auch nicht mehr
und die kurzen gefallen mir nicht so sehr.

Man hat sie vor kurzem abgeschnitten,
darunter habe ich sehr gelitten.
Mein Zopf liegt auf dem Fensterbrett,
daß ich ihn noch habe, finde ich nett.

Daß ich jetzt keine Zöpfe mehr hab',
damit finde ich mich mit der Zeit schon ab.
Die Haare fallen noch völlig heraus
und ich such' mir schon eine Perücke aus.

Wenn die Haare ausfallen, dann wird sie gemacht,
und alles wieder in Ordnung gebracht.
Dann habe ich zwar einen kahlen Kopf,
aber mit einer schönen Perücke drauf.

Dann sieht man davon gar nichts mehr,
Gott sei Dank ist das nicht schwer.
Ich denke, ich laß' es jetzt mal sein,
und schreibe nichts mehr in den Brief hinein.

Nur eine Sache die mir noch blieb,
dieses kleine »große« Mädchen hat Dich sehr lieb.

Viele liebe Grüße, Küsse und Umarmungen
Floortje

In der ersten Nacht im Krankenhaus hatte ich Angst, aber es war auch spannend.

»Eine Nacht im Krankenhaus« wäre vielleicht eine spannende Geschichte, als Aufsatz in der Schule natürlich. Aber wenn es was Ernstes ist, na ja ... Ich habe eigentlich nicht so richtig begriffen, was da passierte. Es mußte zwar etwas Wichtiges sein, sonst hätte ich natürlich nicht dableiben müssen. Ich bekam mein eigenes Zimmer und durfte nicht mehr raus. Nur für eine kurze Führung über Stockwerk F8 Nord im AMC. Das einzige, was ich wußte, war, daß mein Blut nicht in Ordnung war. Papa, Mama und Geertje mußten wohl etwas mehr gewußt haben, aber sie sagten nichts. Aber allen dreien standen die Tränen in den Augen.

Am nächsten Tag kamen Mama, Papa und Geertje schon früh, ich bekam eine Knochenmarkspunktion, bei der Knochenmark entnommen wurde, und eine Lumbalpunktion, bei der Rückenmark entnommen wurde, und dabei wurden auch gleich Medikamente direkt gespritzt. Als Gegengift gegen die verkehrten Zellen.

Es war so gut wie sicher, daß ich Leukämie hatte, also fing man sofort mit der Behandlung an. Deshalb die Medikamente, die bei der Lumbalpunktion gespritzt worden waren.

Mittags stand es dann endgültig fest.

Ich habe akute lymphatische Leukämie mit erhöhtem Risiko. Mama, Papa und Geertje saßen zu dritt bei mir am Bett, und Mama brachte die Diagnose nur mit Mühe über die Lippen. Die Ärzte hatten ihnen alles erklärt. Ob Mama oder Papa es mir noch erklärt haben, daran kann ich mich nicht mehr erinnern. Nur, daß Dr. Voûte am nächsten Tag zu mir kam und es mir erklärt hat.

Leukämie ist eine Knochenmarkskrankheit. Das Knochenmark befindet sich in den Knochen (Knochen sind also hohl) und produziert das Blut.

Blut besteht aus:
– roten Blutkörperchen: für die Sauerstoffversorgung
– weißen Blutkörperchen: gegen Infektionen
– Blutplättchen: für die Blutgerinnung.

Weiße Blutkörperchen sind sehr wichtig. Sie schützen einen vor Krankheiten und Infektionen, z. B. vor Windpocken und Erkältung. Hat man sie nicht, ist man so ziemlich immer krank.

Bei Leukämie produziert das Knochenmark nur noch *falsche* weiße Blutkörperchen. Diese falschen weißen Blutkörperchen fressen alle roten Blutkörperchen und Blutplättchen auf. Und wenn man keine Blutplättchen hat und sich schneidet, dann blutet man und hört nicht mehr auf zu bluten. Und wenn man keine roten Blutkörperchen mehr hat, transportiert das Blut keinen Sauerstoff mehr. Dann kann man nichts mehr machen, nur noch schlafen. Für etwas anderes ist man viel zu müde.

Und was kann man dagegen tun?

Hier fängt die Behandlung an. Man hat mir Medikamente ins Rückenmark gespritzt, das sich bis ins Gehirn fortsetzt, denn da halten sich die falschen Blutkörperchen am liebsten auf.

Und was wird jetzt gemacht? Also, es wurden Medikamente reingespritzt, die alle falschen Blutzellen abtöten. Na ja, nicht nur die falschen, sondern auch die richtigen Zellen. Denn die Medikamente können das nicht unterscheiden. Sie töten alle Zellen ab. Deshalb habe ich auch allein im Zimmer gelegen. Bakterienfrei, damit ich keine Infektionen kriege. Vor dem Zimmer war eine Schleuse. Wenn jemand reinwollte, mußte er sich erst in der Schleuse die Hände waschen und eine Schürze anziehen, durfte dann reinkommen und mußte sich noch mal die Hände waschen. Also mußte ich erst eine Viertelstunde warten, wenn jemand kam. Man nennt so ein Zimmer »Isolierzimmer« oder »KMT-Box«. Komische Namen.

Wie muß man sich also so ein Isolierzimmer vorstellen? Es ist ein viereckiger Raum mit einer Schleuse davor. Man kann eine KMT-Box richtig gemütlich machen, echt! In einer Box sind immer: ein Bett, eine Dusche, ein Klo, ein Tisch, ein Waschbecken, ein Fernseher, ein Videorecorder, ein Kassettenrecorder, ein kleiner Tisch und ein paar Stühle. Und dazu kann man selbst noch alles mögliche stellen, wie bei mir z. B. einen Computer. Das muß sein.

Das klingt natürlich ganz lustig, ist es aber nicht unbedingt. Denn es sind die Nebenwirkungen von den Medikamenten, die einem eigentlich das Leben richtig schwer machen.

Es gibt Videos, um die Kinder aufzuheitern. Denn viel kann man, darf man und gibt es nicht zu tun. Schlafen, spielen, fernsehen. Und sonst? Nichts. Nur Hausaufgaben machen. Aber als ich da drin lag, waren Ferien. Meine Schulbücher hatte ich also noch nicht. Aber wie ich schon sagte, die Nebenwirkungen der Medikamente machen es schlimm. Und es sind nicht nur die Medikamente, die man mit Infusionen kriegt. Tabletten und Säfte haben ab und zu auch noch ihre Nebenwirkungen.

Durch das Vincristin (Chemo), das man mit einer Infusion bekommt, fallen einem die Haare aus. Das kommt dadurch, weil es alle schnellwachsenden Zellen abtötet. Schnellwachsende Zellen sind rote und weiße Blutkörperchen, aber auch die Haarzellen gehören zu den schnellwachsenden Zellen. Die werden also auch abgetötet.

Außerdem kann einem davon ordentlich schlecht werden, und man wird sehr schwach. Aber das Verrückte ist, daß dem einen total schlecht wird von Vincristin und andere überhaupt keine Probleme damit haben.

Prednison sind Tabletten, die das Knochenmark anregen, es ordentlich zum Arbeiten bringen. Aber man bekommt Hunger davon. Den ganzen Tag lang könnte man essen. Wirklich wahr, den ganzen Tag lang. Gräßlich! Die Backen werden dick davon und der Bauch auch. Es ist total ätzend.

Infektionen können nicht nur von außen kommen, sondern sie kommen auch von innen. Zum Beispiel aus dem Darm. Dagegen hat man *leider, leider* auch etwas erfunden: Nystatin. Das ist das ekelhafteste Zeug auf der ganzen Welt. Es ist ein gelber Saft, den man sechsmal am Tag einnehmen muß, schrecklich süß und trotzdem mit einem Pfefferminz-Nachgeschmack. Igitt, einfach widerlich. Und dazu steht dann auf dem Zettel, daß es *angenehm!!!* sein soll. Nicht zu fassen!

Ansonsten gibt es nicht so viel über die Krankheit zu erzählen. Ich habe alles in allem zweieinhalb Wochen im Krankenhaus gelegen. Das ist Gott sei Dank nicht so lange. Daß es so kurz war, kam daher, daß erstens die Medikamente gut anschlugen und weil wir ganz in der Nähe wohnen. Wir sind innerhalb von zwanzig Minuten im AMC.

Im Krankenhaus trifft man Leute aus den ganzen Niederlanden. Von Friesland (Sneek) bis Limburg (Maastricht). Es waren sogar Leute aus Hongkong da, die extra in die Niederlande zu Dr. Voûte gekommen waren. Aber der Junge, Marc Anwar, hat es nicht geschafft. Er hatte einen Tumor. Solche Sachen kommen auch vor.

Meistens liegen die Kinder sechs Wochen in einem Isolierzimmer. Das trägt meiner Meinung nach auch dazu bei, ihre Lebenserwartung sehr schnell zu verkürzen. Es kommt natürlich auch darauf an, was man hat. Ich meine, auf der Station F8 Nord, der Onkologie, da gibt es alle Arten von Krebs. Tumore, Hodgkin, Leukämien und so weiter. Wenn man in Maastricht wohnt, kann man nicht jede Woche mal kurz hin und zurück wegen einer Spritze. Denn so ging das eine Zeitlang. Vier Wochen lang mußten wir an sieben Tagen hintereinander ins Krankenhaus wegen einer Dosis Ara-C (Chemo). Dieses Medikament bekommt man mit einer Infusion. Also, dann erkläre ich doch mal kurz, was eine Infusion ist. Eine Infusion ist eine hohle Nadel mit einem Schlauch dran. Die wird in eine Ader gepiekt, meistens auf der Hand, und festgeklebt. Unter die Hand kommt eine Schiene, die auch mit Pflaster festgeklebt wird. Die Nadel bleibt dann fest sitzen.

Als ich nach Hause kam, sollten meine Haare bald ausfallen. Darum haben wir sie in der ersten Woche im Krankenhaus abgeschnitten. Meine langen Haare (bis über die Schultern) kamen ganz ab, und danach hatte ich einen Jungenhaarschnitt. Die Haare habe ich noch in einem Zopf. Alle finden, daß mir die kurzen Haare gut stehen. Es sieht vielleicht auch gut aus, aber mir gefällt es nicht. Das kommt natürlich daher, daß es ab mußte. Denn wenn es ausfällt und man liegt mit solchen langen Büscheln im Bett, geht das auch nicht.

Aber das war am 25. August 1989, und jetzt haben wir Januar 1990, und erst jetzt habe ich das erste dicke Büschel von meinem Kopf gezogen. Als wir es in der Hand hatten, erschraken wir so, daß wir es sofort weggeworfen haben.

Alles Liebe, Floortje

23. Juni 1990

In dem Moment, wo ich das hier schreibe, habe ich wieder normale Haare, ganz kurz und ganz blond. Ich habe noch einen von den letzten Haarbüscheln. Den werde ich einkleben, zusammen mit noch ein paar anderen Sachen.

Viel mehr habe ich nicht zu erzählen. Nur, daß es eine wirklich schreckliche Zeit war, als ich eine Glatze hatte und mit einer Mütze auf dem Kopf herumlief. Ich hatte zuerst eine grüne, na ja, zuallererst eine beige, dann eine grüne und dann eine blaue. Die beige und die grüne waren beinahe gleich, beide waren solche französischen Mützen (ich komme nicht auf den Namen, verstehst du?). Die grüne wurde mir einmal abgenommen. Das war sehr schlimm, ich habe mich beinahe nicht mehr in die Schule getraut, aber ich bin trotzdem hingegangen. Ich habe immer schreckliche Angst gehabt, daß es noch mal passieren würde, aber es ist nicht noch mal passiert. Ich wollte nur noch erzählen, daß es folgendermaßen war, als ich mit so einer Mütze auf dem Kopf herumlief. Kinder schauten mir nach, Erwachsene drehten sich noch mal extra um.

O Mann, das ging vielleicht an die Nerven. Ich war lieber im Krankenhaus als zu Hause. Die blaue Mütze war schön. Die Mutter von Laura Penseel (meine beste Freundin) hatte sie gemacht. Aber diese Mütze brauche ich jetzt nicht mehr, und das ist eine richtige Erlösung.

LEUKOS: 4,6/HB: 9,8/THROMBOS: 272

Küßchen, Floortje

24. Juni 1990

Ich habe eine kleine Geschichte in einem Buch gefunden (aus der Reihe »Das Beste«), die genau meine Gefühle, na ja, äh, wiedergibt. Sie lautet folgendermaßen:

Wenn man irgendwo ist und man möchte gern irgendwo anders sein, dann soll man nicht das nächste Schiff nehmen. Man sehnt sich nicht wirklich nach einem anderen Land. Man hat Sehnsucht nach etwas in sich selber, das man nicht hat oder bisher noch nicht finden konnte.

Oben auf der Seite stand: *Sprache in Bildern.*

Ich sehne mich danach, woanders zu sein und dachte, daß das nach den Ferien schon vorbeigehen würde. Darunter stand noch etwas, worin ich mich auch wiederfinden konnte:

Liebe äußert sich nicht auf Kommando: Man kann sie nicht rufen, wie ein Herrchen seinen Hund ruft. Liebe ist autonom und gehorcht nur sich selber.

Ich kenne einen sehr lieben Jungen, Herbert. Ich bin mir nicht ganz sicher, ob ich nun verliebt bin oder nicht. Er sagt, daß ich eine sehr gute Freundin bin. Mehr nicht. Ich weiß nicht genau, was ich über ihn denke. Ich habe so das Gefühl, als ob ich in ihn verliebt sein will oder sein wollte.

Floortje

25. Juni 1990

Vielleicht klingt dieses Tagebuch ein bißchen traurig. Vielleicht bin ich im Inneren auch traurig, aber ich lasse mir von außen nichts anmerken. Vielleicht habe ich einfach nur eine Krise nach all dem langen und harten Arbeiten.

Vielleicht, ja vielleicht (komisches Wort eigentlich), das könnte man die ganze Zeit sagen.

Morgen habe ich Geburtstag, da werde ich dreizehn.

Ich habe noch keine Karte bekommen, vielleicht (wieder dieses Wort) kommen die noch.

Gestern war Papa krank, aber heute ging er schon

wieder ins Geschäft. Er hat eine eigene Druckerei. Druckerei HTO/Peneder. Ich weiß nicht mehr, was HTO bedeutet. Mama hat ein Grafikdesign-Büro.

Nächste Woche Montag fahren wir in Urlaub. Dazu habe ich wahnsinnig große Lust. Wir nehmen viele Filme mit, weil wir viele Fotos machen wollen. Eigentlich war ich heute zu einer Fete eingeladen, aber ich bin nicht hingegangen. Ich war müde und fühlte mich traurig, beschissen.

Von mir (Floortje)

P.S.: Vielleicht gebe ich mir wirklich Mühe, mein Tagebuch traurig zu machen. Ich weiß es nicht. *Bin ich eigentlich noch ich selber?* GANZ BESTIMMT!!!

28. Juni 1990

Ich liege jetzt im Bett und schreibe und fühle mich krank. Ich leide nämlich ganz schön unter Heuschnupfen.

Ich bin dahintergekommen, warum dieses Tagebuch so traurig klingt (oder ist). Das kommt daher, weil ich nur in dich hineinschreibe, wenn ich alleine bin, mich langweile, oder mich komisch fühle.

Im Moment nicht. Na ja, mir geht's schon schlecht, und ich habe Kopfschmerzen und bin müde, aber trotzdem bin ich fröhlich (ein bißchen).

Am Dienstag habe ich Geburtstag gehabt und habe schöne Sachen bekommen.

Ich werde nicht alles aufzählen, was ich bekommen habe, nur kurz, daß ich Trivial Pursuit (ein tolles Spiel) gekriegt habe und einen ... Fotoapparat!

Es war ein super Tag. Habe doch noch viele Karten gekriegt.

Ich liege jetzt im Bett und kann nicht schlafen. Habe mir noch zwei extra Kissen geholt, habe sie zusammen mit meinem Kissen an die Wand gelegt und mich dagegen gelehnt, so liegt man prima.

Küßchen,
auch von Schlappohr,
meinem Lieblingsstofftier

P.S.: Ich bin schon dreizehn und schlafe noch mit einem Stofftier.

5. Juli 1990

Ich liege jetzt im Bett, schreibe, habe den Walkman auf und höre Supertramp. Wir sind in einem phantastischen Haus in Spanien. Ich erzähle mal kurz von der Fahrt hierher, auch wenn ich nicht viel Lust dazu habe. Wir sind am Montag in s'-Hertogenbosch in den Zug gestiegen. In ein altes Abteil. Es gab neue Waggons und hintendran noch zwei alte. Da saßen wir drin.

Ich hatte großen Hunger, und das meiste Essen war noch im Auto. Um acht Uhr gab's Abendessen. Es war echt toll, romantisch (dieses Essen), während wir durch Belgien fuhren.

Habe die ganze Nacht schlecht geschlafen. Ich hatte gehofft, am nächsten Morgen mit der südfranzösischen Sonne wach zu werden, die durch die Ritzen des Rollos scheinen würde. Aber nein: Regen! Würde es (wie Geer sagte) eine der vielen Enttäuschungen auf dieser Reise werden?

Nachdem wir gefrühstückt hatten (ein Frühstück, das ich runterwürgen mußte, um nicht mit leerem Magen ins Auto zu steigen, weil es genauso war wie im Krankenhaus) und aus dem Zug gestiegen waren, wurden wir mit dem Bus dahin gefahren, wo die Autos vom Zug geladen wurden. Nach einer Tasse Tee (die so eklig war, daß ich sie nicht ausgetrunken habe) in Narbonne, stiegen wir ins Auto und fuhren los. Auf nach Moraira. Unterwegs hatten wir unterschiedliches Wetter, aber meistens Regen.

Nach achthundert Kilometern und einer richtigen Pause, um etwas zu essen, kamen wir an einem kleinen Büro an, wo wir uns melden mußten, bevor wir zu unserem Häuschen konnten.

Strahlendes Wetter, sehr heiß.

Nach vielem Hin und Her auf Englisch bekamen wir mitgeteilt, daß wir ein anderes Haus bekommen sollten, als wir gemietet hatten. Nachdem wir kurz gewartet hatten, konnten wir hinter jemandem her zu unserem Haus fahren.

Das Haus ist phantastisch, noch schöner als in meinen kühnsten Träumen, zwei Wohnzimmer, zwei Küchen, zwei Badezimmer, drei Schlafzimmer, drei Terrassen und ein Schwimmbad. Einfach Wahnsinn!

Am ersten Tag waren Geer und ich total von Mücken zerstochen. Als das vorbei war, wurde ich (das war gestern) von einer Wespe gestochen. Sonst geht alles nach Wunsch.

Nur ... Ich vermisse Herbert. Warum? Keine Ahnung. Ich weiß nicht, ob ich ihn liebe oder nicht. Bis jetzt ist unser Verhältnis wie in einem Groschenroman, nur Freunde, mehr nicht! Aber da hat immer alles ein gutes Ende. Bei uns auch? Oder habe ich einfach zu viele Groschenromane gelesen? Ich kann es nicht mehr sagen ...

Fühle mich alleine, auch wenn ich es nicht bin. Will ich mich alleine fühlen, ist es vielleicht das? Ja! Ich will alleine sein, um meine Gedanken zu ordnen. Genauso wie damals, als ich ganz alleine Fahrrad gefahren bin, ein paar Stunden lang, ganz alleine. Ob ich das je noch einmal kann? Ich hoffe es.

Ich liege oft da und denke an den Mist in meinem Leben, den ich gemacht habe.

Fühle mich merkwürdig in letzter Zeit. Ich weiß nicht, warum! Gemischte Gefühle. Ich grabe mich in meine Probleme ein ... Fühle mich bedrückt.

Dein Nächster ... oder doch nicht?
(Ich weiß es nicht mehr, gar nichts mehr.)

7. Juli *1990*

War heute mit Geer am Strand. Alles voller Sand, ansonsten prima. Sind ein bißchen verbrannt.

Habe gestern lange wach gelegen, nachgedacht über

alles mögliche. Wenn wir wieder zu Hause sind, will ich mir ein paar Sachen kaufen.

Papa kam rein. Er fragte, ob ich in mein Tagebuch schreiben würde und ob ich was Nettes oder Liebes über ihn geschrieben hatte. Ja, habe ich ein bißchen zögernd gesagt. Hatte ich nicht. Also schreibe ich jetzt doch etwas über Papa. Pappi ist in der letzten Zeit sehr lieb. Er steht immer vor Mama auf und ist sehr lieb zu ihr und auch zu uns. Er ist unser lieber Teddy-Bär (Daddy-Bär).

Aber weiter mit dem unterbrochenen Thema. Geer und ich haben am Strand viel über Verliebtheit gesprochen. Es kam dabei heraus, daß wir in bezug auf Jungs dasselbe empfinden.

Geer und ich sind uns vom Charakter her ähnlich.

Letztens kamen wir gleichzeitig nach Hause, brachten die Fahrräder in die Garage und gingen rein. Wir riefen gleichzeitig »Hallo, Mama«, gingen dann ins Zimmer, hatten vorher noch schnell unsere Taschen im Flur an die Wand geschmissen und zogen gleichzeitig die Schuhe aus.

Ulkig, was?

So, jetzt schlafe ich.

Küßchen,
Blümchen (so hat Herbie mich zweimal genannt)

Wir sitzen jetzt im Auto auf dem Weg nach Metz. Wir kommen gerade von meiner Tante und meinem Onkel. Es war echt nett.
Daniëlle und Pascale hatten beide ihren Freund mitgebracht, Theo und Eugène. Eugène war krank, die arme Socke.

Alles Liebe,
Floortje

August 1990

Ich habe in die achte Klasse des neusprachlichen Gymnasiums gewechselt, bin aber nicht froh darüber, fühle mich beschissen. Ich glaube, daß meine Entscheidung von Herbert beeinflußt wurde, und Herbert geht jetzt doch nicht auf dieses Gymnasium. Ich vermisse ihn, es war immer so lustig, und jetzt ... jetzt bin ich in so einer ruhigen Klasse.
Ich habe irgendwann ein Gedicht geschrieben, ich schreibe es mal für dich auf.
LEUKOS: 4,5/HB: 9,5/THROMBOS: 327

Küßchen,
Floortje

Liebe

Rosen verwelken
Rosen vergehn
Verwelken in Blumenbeeten
Doch Liebe bleibt bestehn

Liebe, die noch kommen wird
Liebe, schon gewesen
Liebe, die nicht aus Haß besteht
Wärme wird gegeben

Verliebt sein am Anfang
Verliebt sein, komisches Gefühl
Verliebt sein, in welcher Weise
Wie ist das doch gemeint?

Ein Küßchen im Schilf
Ein Küßchen hinterm Haus
Das Blümchen Vergißmeinnicht
Erfolg, den man verbucht

Herumbalgen im Gras
Balgen, lieb gemeint
Ist das erst Liebe
Gilt das für jeden?

Träumen, stundenlang
An niemand anders denken
Träumen, ganz allein
Das Leben hat sich verändert

In sich gekehrt
Stille rings umher
An denjenigen denken, den man begehrt
Manchmal ein wenig zu sehr

Mit dem Kopf in den Wolken
Schmetterlinge im Bauch
Neue Türen, die sich öffnen
Es ist Verliebtheit, die man spürt

Denken an den,
Der dein Herz gestohlen hat
So wie er ist kein anderer
Verliebtheit und ihre Macht

Er hat keine Ahnung davon,
Was du für ihn empfindest
Du könntest ihn beinahe hassen
Und er ist selber schuld daran.

O Mann, fühle ich mich beschissen in letzter Zeit. In der Schule habe ich gute Noten, aber der Rest ist beschissen. Ich habe eine langweilige Klasse und riesige Berge von Hausaufgaben.

Morgen muß ich wieder ins Krankenhaus wegen einer LP. Keine Lust.

Bin nicht mehr in Herbert verliebt. Endlich. Finde ihn neuerdings bekloppt. Ich höre jetzt auf und bemitleide mich noch ein bißchen selber.

LEUKOS: 3,6/HB: 10/THROMBOS: 269

Küßchen, Floortje

12. Januar 1991

Ich bin jetzt dreizehneinhalb, also noch etwas zu jung, um auszugehen, aber ich kann es kaum noch abwarten, bis es soweit ist.

Geer ist im Moment mit Damar unterwegs, das finde ich gut, prima, und ich gönne es ihr auch. Aber ich habe heute abend mit Papa und Mama auf dem Sofa gesessen, Popcorn gegessen und »gemütlich« eine englische Sendung »Was tun mit meinem Garten?« angeschaut. Wir haben lauter verschiedene Gärten gesehen und lauter Ideen. Pap und Mam haben dabei schon Pläne für unseren Garten gemacht.

Bin grade verliebt (glaube ich) in Sander, zum zweitenmal. Vor sechs Jahren nämlich auch schon. Er hat eine gute Jacke und eine neue, blöde Jacke, die hat er jetzt oft an. Seine Haare sehen blöd aus, obwohl sie gut aussehen können, und er hat ein blödes Moped. Er ist im Moment auf der Fachoberschule, also zwei Jahre älter als ich und nächstes Jahr mit der Schule fertig.

Ich würde so gerne mit ihm ausgehen, aber daraus wird sowieso nichts. Er findet mich auf jeden Fall nett, denn er grüßt mich immer sehr lieb und hat mir zweimal ein glückliches neues Jahr gewünscht. Als er mir das zum zweiten Mal wünschte, wäre es eine gute Gelegenheit gewesen, um mal mit ihm ins Gespräch zu kommen, aber ich habe ihm auch ein glückliches neues Jahr gewünscht und bin einfach weitergegangen!! Ich könnte mich echt ohrfeigen. Na ja, ich warte jetzt auf eine neue Chance und werde die dann mit beiden Händen ergreifen.

In drei Wochen muß ich zur Knochenmarkspunktion, und das liegt wie ein Berg vor mir, ich habe ganz schöne Angst davor. Weil es weh tun wird und weil ich nicht weiß, wie das Ergebnis ausfällt, ich denke und hoffe gut, aber man weiß nie, ob nicht doch noch eine Blaste (unreifes Blutkörperchen) gefunden wird. Ich will jetzt einfach nicht daran denken, aber ich wollte es dir doch kurz erzählen.

Die Weihnachtsferien waren wirklich toll, ich war zweimal in Amsterdam und habe ansonsten schön gefaulenzt. Das Zeugnis war gut.

Das Klavier ist gestimmt worden. Der Mann hat zwei Tage lang daran gearbeitet, erst von zehn bis fünf Uhr und eine Woche später noch mal vier Stunden.

Aber jetzt gehe ich schlafen.

Küßchen, Floortje

Heute ist Sonntag, und ich kann es jetzt schon kaum erwarten, morgen in die Schule zu gehen. Komisch, was? Und das nur wegen Sander. Ich hatte am Freitag noch mal die Möglichkeit, mit ihm zu sprechen, er ging vor mir die Treppe hoch. Aber Annet, Karin und Nanine waren dabei, und ich habe ihn nicht angesprochen, nicht mit allen um mich herum! Aber ich hätte mich sowieso nicht getraut.

Am Freitag habe ich von Hennie gehört, daß er umzieht, aber wahrscheinlich nicht weit weg. Jetzt wohnt er ganz in der Nähe, nur die Straße entlang und dann die erste links. Er hat einen Bruder, Nico, der ein Jahr älter ist als ich, und meiner Meinung nach bin einmal bei ihnen zu Hause gewesen, aber ich bin mir nicht sicher.

Freitag in der Schule haben wir eine Geschichtsarbeit geschrieben, und ich habe echt alles gewußt, es wird mindestens eine Zwei; ich hoffe aber auf eine Eins. Gut, was? Ich habe allerdings auch (aus Versehen) fast drei Stunden dafür gelernt. Morgen schreiben wir eine Physikarbeit, hoffe, daß das gutgeht.

Ich bin am Freitag noch mit Anne zusammen im Dorf gewesen. Es war echt supertoll. Ich habe ewig nicht mehr so gelacht.

Der Samstag war weniger gut. Ich bin mit Papa und Mama durch ganz Hilversum, Laren und Bussum gelaufen wegen einer grünen Steppjacke und habe keine gefunden. Ich habe eine dunkelblaue Jacke anprobiert, aber die war einen Kilometer zu groß.

Geer war gestern mit Michelle bei einer Fete von Nanno und hat da auch übernachtet. Es war so toll für sie. Ich freue mich sehr für Geer (und das meine ich aus tiefstem Herzen) und bin nicht neidisch. Ich würde so was auch gerne machen, aber ich bin nicht neidisch. Ich hoffe, daß ich solche Sachen auch noch (bald) erlebe. Aber jetzt gehe ich schlafen.
LEUKOS: 3,2/HB: 1,3/THROMBOS: 266

Küßchen,
Floortje

Sonntag, 10. Februar 1991

Diese ganze Woche war eine Scheißwoche. Sander hat eine Freundin. Habe am Samstag nichts gemacht.
Ich habe einen Brief von Laura bekommen, sie ist im Moment in London und ist schon einmal mit einem Jungen gegangen (bin ein bißchen neidisch). Ich habe ihr sofort einen Brief zurückgeschrieben.
Heute kamen meine Cousine und mein Cousin, Michelle und Martijn, mit ihren Eltern zum Schlittschuhlaufen. Die Erwachsenen auf dem Naardersee, wir auf dem Festungsgraben. Wir waren schon wieder zu Hause, als auf einmal Jacky und Paul ankamen, ohne Hans und Hennie. Mama hatte sich das Bein gebrochen. Mal wieder typisch Hennie, echt! Na gut, sie muß ein paar Tage lang im Krankenhaus bleiben, wir haben schnell ein paar Sachen gepackt und sind hingefahren. Das Bein ist an zwei Stellen gebrochen und bis zur Hüfte in

Gips. Die ganze Wäsche mußte noch gewaschen werden, das mußten Geer und ich dann machen.
Hab' echt keinen Bock drauf.

Alles Liebe, Floortje

12. Februar 1991

Heute ist nicht viel passiert, aber ich will trotzdem kurz schreiben. Gestern hat es geschneit, deshalb bin ich nicht mit Karin schlittschuhlaufen gegangen. Sind zusammen im Dorf gewesen. Haben bei McDonald's gegessen und ich habe mir die Zeitung *Yes* gekauft.
Mama liegt immer noch im Krankenhaus, und es sieht so aus, als würde sie da noch bestimmt bis zum Ende der Woche liegen bleiben.
Sonst läuft alles normal. War beim Kieferchirurgen und kriege am 18. April eine Zahnspange. Das dauert also noch eine ganze Weile.
Papa will jetzt auch für seinen Unterkiefer eine Zahnspange. Ich finde das blödsinnig, aber ich kann es mir schon vorstellen und habe ihm dann recht gegeben. Habe gerade die Karnevalskostüme zum Vorschein geholt, es waren ein paar gute Sachen dabei zum Anziehen. Denn der Sixties-Look ist wieder in und es sind alles alte Sachen ungefähr aus der Zeit.
Es ist schon 20 nach 12, darum höre ich jetzt mal auf

Küßchen,
Floortje

46

Mama ist letzten Freitag aus dem Krankenhaus gekommen, sie hat einen Gips von den Zehen bis zur Hüfte, und der muß auf jeden Fall sechs Wochen dran bleiben. Sie sitzt also jetzt in einem Rollstuhl und läuft ab und zu ein kleines Stückchen auf Krücken von der Tür bis zum Klo. Sie tut uns sehr leid, und Geer und ich haben die Hausarbeit übernommen. Ich habe am Samstag gewaschen und gebügelt. Geer hat heute abend gekocht und ich koche morgen abend. Mama kann nicht alleine bleiben, deshalb ist Geertje heute zu Hause geblieben. Morgen kommt die Krankenschwester, und dreimal in der Woche kommt eine Haushaltshilfe. Ich möchte nicht zu Hause bleiben, gehe lieber in die Schule, dann sehe ich vielleicht Sander, verstehst du?

Küßchen,
Floortje

28. März 1991

Heute ist frei!
Morgen fahren wir in Urlaub. Keine Lust. Ich wäre lieber zu Hause geblieben.
Wahrscheinlich liegt kein (oder nicht genug) Schnee.
Mama hat immer noch das Bein in Gips. Paul, Jacky, Michelle und Martijn fahren mit. Paul und Jacky haben sich wieder gestritten, glaube ich.
Michelle geht wahrscheinlich mit Geer abends weg. Ich

bleibe dann mit Martijn zu Hause, denn zu viert ausgehen macht keinen Spaß, und Martijn sitzt sonst alleine da. Und es ist natürlich lustiger für sie zu zweit.

Heute habe ich den ganzen Tag nichts anderes getan als zu packen, aber nicht, daß ich dabei besonders viel zustande gebracht hätte.

Alles Liebe, Floortje

8. April 1991

Der Urlaub war echt super. Wir Kinder hatten ein Appartement für uns, Hans und Hennie ein (Wohn- und Eß-)Appartement und Paul und Jacky ein kleines.

Am Anfang hatten wir viel Schnee und Sonne. Die Sonne wurde immer mehr und der Schnee weniger. Dann hat es eine Nacht lang geschneit, aber am nächsten Tag regnete es, und der Neuschnee taute weg. Als wir abfuhren, lag wieder hoher Schnee.

Ich hatte mir schon am dritten Tag die Kniebänder gezerrt, also konnte ich nicht mehr weiter Ski laufen und jetzt darf ich zwei Wochen lang keinen Sport machen, ätzend, was?

Bin abends nicht weg gewesen, habe keine echt netten Jungen gesehen, bin ein bißchen braun geworden.

Ich will mit Laura zusammen in den Ferien arbeiten, aber ich habe noch nicht mit ihr darüber gesprochen. Muß ich doch mal machen. Am Freitag kommt sie während der Pause in meine Schule, am Montag gehe ich dann zu ihr. Weil ich keinen Sport mitmachen darf, habe ich frei, erst gehe ich zum Kieferchirurgen und danach zu ihr.

Nächste Woche Donnerstag kriege ich eine Spange, schluchz, schluchz.

Habe in den Ferien zwei Kilo zugenommen, echt ätzend, muß ich wieder abnehmen. Bis jetzt ist noch nicht viel daraus geworden, aber das wird schon noch.

Heute hatte ich frei (wegen Studienwoche und Klausuren) und bin mit Karin und Annet in Hilversum gewesen. Hat echt Spaß gemacht, habe aber nichts gekauft.

In der letzten Zeit habe ich prophetische Träume, Phantasien und Gefühle.

Ich habe einfach gefühlt, daß ich rechtsherum zur Bank gehen mußte. Da begegnete mir Nico und linksherum hätte ich nicht gehen können (fand ich später heraus), weil die Straße aufgerissen worden war. Später saßen wir bei McDonald's, da gibt es ein Gewinnspiel. Man hat eine Karte mit zwei Fragen, und man kann von drei Antworten (pro Frage) eine auswählen. Ich fühlte einfach, welche es waren, und ich hatte sie auch richtig. Und dann kann man noch aufrubbeln, was man gewonnen hat, einen Milchshake, kleine Fritten oder einen Hamburger.

Ich sagte: »Ganz links ist der Hamburger.« Und da war er auch. Unheimlich, was? Na ja, es kann Zufall sein, aber es passieren in letzter Zeit lauter solche *merkwürdigen* Sachen. Dann sitze ich da und träume, daß Sander die Treppe raufkommt, und zwei Minuten später kommt Hans die Treppe rauf. Komisch, was?

Ich geh' schlafen

Alles Liebe, Floortje

Nachdem ich lange nichts geschrieben habe, bin ich jetzt wieder da. Im letzten Monat ist eigentlich zu viel passiert, um alles aufzuschreiben, und die Hälfte weiß ich schon nicht mehr.

An Pfingsten war ich mit Berbel zelten, war super. Es war noch ein netter Junge von einer anderen Familie mit, richtig lieb, er ist 1 Meter 98, hat halblange, dunkelblonde Haare, blaue Augen, eine Brille und gerade Zähne (von einer Zahnspange). Echt nett, aber er war sehr still, weil seine Freundin gerade mit ihm Schluß gemacht und etwas mit seinem Freund angefangen hatte. Das Fest des Hockeyvereins in Gooi war okay, Sander war nicht da, Lissa ist mit Eric gegangen, und sie sind immer noch fest zusammen.

Wir hatten auch noch ein Schulfest, und dann war Kirmes, da bin ich in der Pause kurz hingegangen.

Am Samstag habe ich mit Paps Hockey gespielt. Ging echt gut, hat auch Spaß gemacht.

Die Zahnspange sitzt gut, es hat nur weh getan, als sie festgeschraubt wurde.

Versuche gerade, nicht mehr in Sander verliebt zu sein. Geht zwar, ist aber schwierig.

Bin letztens beim Albert-Heijn-Supermarkt gewesen wegen einem Job. Habe ein Bewerbungsformular ausgefüllt und muß jetzt am Samstag zu einem Bewerbungsgespräch gehen. Eigentlich bin ich ein Jahr zu jung, also werde ich garantiert nicht genommen, trotzdem bin ich nervös.

Alles Liebe, Floortje

Die Exkursion mit unserer Klasse war doch noch ganz prima. Wir sind mit dem Zug nach Leiden gefahren und dort ins Museum für Altertumskunde gegangen.

Anschließend haben wir auf der Terrasse eines Cafés etwas getrunken und sind mit dem Bus nach Noordwijk an den Strand gefahren. Da sind wir fast den ganzen Tag geblieben. A. J. hat noch einen kleinen Hund von Deutschen gerettet, die hinter uns saßen. Echt total lieb. Habe heute morgen für die Religionsarbeit gelernt und bin zusammen mit Annet zu spät gekommen. Wir wären vielleicht noch rechtzeitig gekommen, wenn die Schranken nicht so lange unten gewesen wären. Wir hatten die erste Stunde frei, und A. J. hat einfach so angerufen!!! Er sollte mich sowieso anrufen, aber er hat es nie getan und jetzt endlich doch.

Weißt du, was Papas Trainer gesagt hat? Daß er niemals gedacht hätte, daß ich erst vierzehn würde, und daß er nie auf die Idee gekommen wäre, daß ich erst in der 8. Klasse wäre. Gut, was?

Oh, I'm so happy, und Freek hat mir letztens einfach so mit der Hand durch die Haare gestrichen. Einfach so, ich habe ihn kaum gegrüßt.

Gehe jetzt schlafen.

Alles Liebe, Floortje

Geertje und ich haben wirklich ein gutes Verhältnis. Kann kaum glauben, daß ich so lange nicht geschrieben habe.

Geertje hat schon seit einiger Zeit einen Freund, Pim. Schwarzer Lockenkopf mit blauen Augen. Echt süß.

Ach ja, ich bin noch auf einer Segelfreizeit gewesen, echt super. Aber ich bin jetzt nicht in der Stimmung, darüber zu schreiben.

Ich bin genervt, weil ich keinen Freund habe. Jede hat einen Freund, oder hat schon mal einen gehabt, nur ich sitze hier und versauere. Annet hat jetzt auch einen Freund. Laura hat zwei, einen, den sie in den Ferien kennengelernt hat, und einen, den sie schon vorher hatte. Nur Karin und Cleo haben noch keinen gehabt. Aber es würde mich nicht wundern, wenn sich das inzwischen schon geändert hätte.

Ich habe das Gefühl, als ob nicht ein einziger Junge mich mag. Ja, ganz nett, aber mehr nicht. Fühle mich häßlich und von jedem benutzt. Weiß nicht genau, warum. Aber trotzdem, ich habe wirklich das Gefühl, daß mich jeder benutzt und dann auf mir rumtrampelt.

Geertje ist jetzt anderthalb Wochen in Urlaub, und während dieser Zeit konnte ich mich nur mit Karin treffen. War nett, habe aber viel mit Mama und ab und zu mit Papa alleine zu Hause gesessen und fange an, Geer echt zu vermissen.

Habe ein Stückchen in ihrem Tagebuch gelesen. Hätte ich niemals tun sollen, aber es ging um meine Krankenhauszeit. Fange an, sie wirklich zu verstehen und sie liebzuhaben. Vielleicht kann sie mir helfen, vermisse sie wirklich sehr.

Alles Liebe, Floortje
HELP!!!

1. August 1991

Also, wir sind jetzt im Urlaub!
Erst für zwei Tage in die Ardennen, war richtig schön mit Geer, dann für einen Tag nach Montrevel.
Danach sind wir nach Argeles gefahren (da sind wir jetzt auch noch), und Michelle und Martijn sind vorbeigekommen.
Na, mir reicht's. Ich bin so wütend auf Geer, daß ich sie praktisch ermorden könnte. Die haben die ganze Zeit alles, aber auch alles zusammen gemacht und nur getuschelt und gekichert. Das verzeihe ich ihr nie. Wir sind am ersten Abend ausgegangen, das war okay, wir mußten um zwölf Uhr zu Hause sein und haben uns danach wieder davongeschlichen.
Gestern kamen Daniëlle und eine Freundin von ihr vorbei. Mann, waren die mies gelaunt, als wir gestern abend weggingen. Wir sind in die Disko gegangen. Es war ganz leer. Michelle und Geer sind trotzdem Bier holen gegangen. Martijn und ich mußten uns hinsetzen (das war ja schon nicht nett). Dann standen die beiden gemütlich an der Bar und haben sich unterhalten. Eine Zigarette dazu und nur Gekicher. Nach einer Weile

gingen die Damen tanzen. Mir war schon alles klar, ich bin deshalb sitzen geblieben. Später bin ich dann trotzdem tanzen gegangen. Martijn und ich haben uns dicht zu ihnen gestellt, sie haben uns gesehen und einfach stur zu zweit weitergetanzt. Danach wollte ich nach Hause. Ein Riesentheater, das ginge nicht, sonst kriegten sie Ärger. Also bin ich bis Viertel nach zwölf geblieben und danach mit allen zusammen nach Hause gegangen. Michelle und Geer sind danach zu zweit weggegangen.

Floor

Montag, 5. August 1991

So, es ist hier schon um einiges besser. Es ist schön, ich habe einen Tag lang Fieber gehabt und habe jetzt starken Husten, aber es ist trotzdem schön.
Bin mit einem englischen Jungen gegangen, Simon. Aber ich finde ihn eigentlich nicht nett. Er wollte mit mir in ein Zelt und hat gefragt, ob ich morgen auch noch hier wäre, aber ich will nichts von ihm.

Floortje

Liebes Tagebuch
1991–1992

EINE KATASTROPHE!!!

Der Urlaub war echt super. Ich bin an den letzten beiden Abenden mit Simon gegangen (mein erster Urlaubsfreund).
Es war perfekt! Wir hatten noch echt Spaß mit Richard und Dennis.
Ich bin mit Lieve in einer Klasse und einem neuen Mädchen, Willemijn.
Toller Stundenplan.
In Hockey war ich wieder in dieser bekloppten Mannschaft B6 und habe gefragt, ob ich in B5 dürfte zu Annet und Christa. Jetzt bin ich also in B5. Und ich durfte endlich abends weggehen, wirklich ein tolles Leben.
Und ... ja, heute war ich im Krankenhaus, und?

ES!! ist wieder da!!!

Das bedeutet, wieder eine Glatze zu bekommen, wieder ein Jahr lang die Schule zu versäumen, wieder Pausbacken zu kriegen, wieder überall Mitleid und gleichzeitig Verständnislosigkeit, wieder all mein gerade aufgebautes Selbstvertrauen den Bach runter, wieder die ganze Zeit zu Hause, wieder die ganze Zeit Übelkeit. Und meine Spange muß wieder raus, und es ist ich weiß nicht wieviel Mal so schwer.
LEUKOS: 27/HB: 5,5/THROMBOS: 49

Floortje

SCHEISSE KACKE

MIST VERDAMMT

Es geschah genau am 28. August 1991. Das hat sich für immer in mein Gedächtnis eingegraben, niemals werde ich dieses Datum vergessen.

Ich war ungefähr zwei Monate vorher vierzehn geworden und hatte die schönsten Ferien meines Lebens verbracht. Trotz meiner Bronchitis, die ich zu Hause immer noch mit mir herumschleppte, ging es mir gut. Ich war wieder seit einer Woche in der Schule, endlich in einer etwas netteren Klasse als im vorigen Jahr und mit ein paar guten Freundinnen.

Am Mittwoch den 28. sollte ich ins Krankenhaus zur Untersuchung. Das ging schon beinahe seit einem Jahr so, nachdem ich das erste Mal Leukämie bekommen hatte. Nach einem Jahr harter Arbeit war es uns gelungen, daß ich wieder besser wurde und in die achte Klasse versetzt wurde. Niemand oder jedenfalls nur ganz wenige hatten geglaubt, daß ich es schaffen würde, doch noch versetzt zu werden, und das hat mich extra angespornt, und ich war stolz darauf.

Jetzt war es ungefähr ein Jahr später, und ich mußte immer noch alle vier Wochen zur Untersuchung.

»Floor, beeil dich doch!!«

»Ja, ja, ich komme«, antwortete ich gereizt. Mama wird immer ein bißchen nervös, wenn wir zu spät dran sind. Es wurde Zeit, loszufahren. Auf ins Krankenhaus. Mit einem Knall fiel die Tür hinter mir zu. Ich mußte husten.

Gestern hatte ich auf einmal vierzig Grad Fieber gehabt, aber jetzt ging es mir schon wieder besser. Ich setzte mich neben Mama ins Auto, und wir fuhren los. Ich war jedesmal wieder genervt, wenn wir ins Krankenhaus mußten, ich war müde und fühlte mich schlapp, meine Kondition hatte sich sehr stark verschlechtert, und ich hatte immer noch starken Husten. Wir fuhren die bekannte Strecke, still, in Gedanken versunken, parkten schnell das Auto und gingen ins AMC.

Es standen wie immer eine Reihe von Leuten vor dem Schalter der Poliklinik. Dort begann wieder mal DAS WARTEN. Endlich waren wir an der Reihe.

»Ich habe einen Termin bei Frau Doktor van Leeuwen«, (Onkologin) sagte ich, gab meine Karte ab und wurde wie immer ins Wartezimmer Nummer drei geschickt. Mama und ich gingen zu dem Zimmer, wo wir ein Formular für die Blutabnahme bekamen. Wir brauchten nicht auf das Ergebnis zu warten und konnten sofort zurück zu Wartezimmer Nummer drei, um auf Frau Doktor van Leeuwen zu warten.

Die Schwester, die dort war, war lieb zu uns. Wir konnten solange ins Sprechzimmer und setzten uns hin. Noor van Leeuwen kam herein und setzte sich uns gegenüber an den Schreibtisch.

Sie fragte, wie es mir seit dem letzten Mal gegangen wäre und wie die Ferien gewesen wären. Danach bekam sie die Karte mit dem Ergebnis der Blutuntersuchung. Sie ließ es auf sich wirken und sah uns besorgt an.

Dann sprach sie die unvergeßlichen Worte: *Tja, Floor, es ist wieder etwas nicht in Ordnung.* Mama und ich brachen

in Tränen aus. Tief in unserem Herzen wußten wir es zwar schon, aber trotzdem ... der Schock, den man kriegt, wenn es dann ausgesprochen wird. Es war zu 99 Prozent sicher und scheinbar schon sehr weit fortgeschritten, weil man es am Blut sehen konnte. Trotzdem konnte ich es nicht wirklich fassen. Noor van Leeuwen untersuchte mich noch, aber es ging alles an mir vorbei. Ich wiederholte es andauernd in meinem Inneren.
Die Leukämie ist wieder zurück. Die Leukämie ist wieder zurück, mit allen Folgen, die dadurch auf mich zukamen. Aber ich konnte es nicht glauben. Ich konnte es nicht fassen. Ich weinte zwar, weil ich wußte, daß dies etwas Trauriges war, aber richtig traurig konnte ich nicht sein, denn ich begriff es einfach nicht. Es wurde ein Termin vereinbart, um zu besprechen, was genau weiter geschehen sollte.

Mama und ich sind dann schweigend nach Hause gefahren. Den Rest des Tages bin ich zu Hause geblieben. Normalerweise bin ich nach einer Untersuchung schon noch in die Schule gegangen, aber nun sah es so aus, als ob niemand noch daran dächte. Endlich kam Geertje nach Hause. Sie fragte sofort, was los wäre. Ich brach in Tränen aus und erzählte ihr von der großen Katastrophe. Weinend nahm sie mich in die Arme, und so standen wir zusammen im Flur. Alle beide beruhigten wir uns ein bißchen und gingen hinein zu Mama.

Am selben Abend fuhren wir ins Krankenhaus, um alles zu besprechen. Geertje fuhr nicht mit, sie hat so eine Abscheu vor Krankenhäusern entwickelt.

Es wurde sofort ein kompletter Plan von Chemotherapien und einer Knochenmarkstransplantation entworfen. Wieder Chemotherapien und Medikamente, mit all ihren Nebenwirkungen und Folgen. Wieder krank sein, wieder den Unterricht versäumen und wochenlang im Krankenhaus liegen. Wieder Übelkeit, meine Klammer muß raus, das ganze Unverständnis und, das Schlimmste von alledem, meine gerade wieder nachgewachsenen, schönen neuen Haare wieder weg und wieder von Medikamenten schrecklich dick werden, meine endlich hübsche Figur wieder hinüber.

Tja, meine ganze Welt stürzte in sich zusammen. Gerade jetzt, wo mein Leben für mich endlich wieder echt in Ordnung gewesen war.

Eigentlich sollte ich sofort am nächsten Tag wieder ins Krankenhaus, aber ich wollte meinen Freundinnen die schlechte Nachricht selbst mitteilen, und außerdem wollte ich am Freitag ausgehen. Also durfte ich zu Hause bleiben, unter der Bedingung, daß ich jeden Tag vier Liter Wasser trinken würde. Das war ganz schön schwierig, aber ich habe es geschafft.

Am nächsten Tag bin ich wieder in die Schule gegangen. Ich kam in der Pause an, und die ersten, die ich sah, waren Karin und Annet. Ich ging zu ihnen und erzählte es ihnen. Annet umarmte mich, und ich mußte wieder weinen. Dann kamen Lieve, Christa und Lissa vorbei und fragten, was los sei.

Die meisten von ihnen waren von Anfang an in meiner Klasse gewesen und wußten, was das alles bedeutete.

Irgendwann standen wir zu ganz vielen im Gang und weinten. Das war total toll.

Danach bin ich ganz normal in den Unterricht gegangen und habe die Zeit genossen, die mir noch blieb, bevor ich wieder ins Krankenhaus mußte.

Floortje

5. September 1991

Ich liege jetzt seit drei Tagen im Krankenhaus, und es hängt mir jetzt schon zum Hals raus. Nicht auszudenken, daß ich vielleicht *drei Wochen* drinbleiben muß! Habe Vincristin (Chemo), eine Lumbalpunktion und mtx (Chemo) bekommen, aber ich habe mich noch nicht übergeben. Ich kriege schon wieder seit einer Woche Prednison bzw. eigentlich Dexamethason (das ist noch stärker). Also stehen mir Hunger und ein Mondgesicht bevor.

Ich liege in einem Isolierzimmer, ohne Toilette und Dusche, den Fernseher mußten wir extra mieten, und das Zimmer ist ganz am Ende eines Ganges.

Habe gerade einen Brief von Lieve und einen von Annet bekommen. Es ist wunderbar, Neuigkeiten von außerhalb des Krankenhauses zu hören, aber ich würde einfach lieber selbst dabeisein.

Geertje ist heute und gestern nicht hiergewesen, morgen kriege ich keine Medikamente, also kommt sie dann. Papa hat mir gleich vorgeschlagen, daß, wenn ich doch sowieso keine Medikamente bekomme, jemand vorbeikommen könnte, Lieve z. B.

Stop mal eben. Lieve kommt morgen in die Schule, hallo, Lieve, hast du vielleicht Lust, mit zu Floor ins AMC zu gehen? Ja, echt, da werden die sich aber freuen. Das paßt doch wie die Faust aufs Auge. Alle überrumpeln mich immer mit was, worauf ich dann noch in derselben Sekunde antworten muß, worüber ich aber eigentlich kurz nachdenken müßte. Bin auf jeden Fall sauer.

ICH WILL HIER WEG!

Alles Liebe,
Floortje

14. November 1991

Wenn ich jemandem etwas von meinem Leben erzählen sollte, würde ich unter anderem sagen, daß ich zweimal Leukämie *gehabt* habe.
Merkwürdig, was?
Weißt du, ich bin wirklich nicht mehr in Sander verliebt, aber manchmal würde ich ihn einfach mal gerne in die Arme nehmen. Aber na ja, wie du weißt, ist das alles einseitig und geht (vor allem jetzt) nur von meiner Seite aus. Er hat eine Freundin, also . . .
Habe Krämpfe in Armen und Beinen und muß schlafen.
LEUKOS: 1,5/HB: 44/THROMBOS: 52

Küßchen,
Floortje

Heute morgen sind Mama und ich zum soundsovielten Mal losgefahren ins Krankenhaus. Werde wieder eine Woche (wenn nicht länger) aus meinem normalen Leben weggerissen. Wir sind erst zur Poliklinik gefahren, weil Dr. Behrendt (ein Onkologe) nicht genau wußte, ob meine Blutwerte auch gut genug wären, um mit der Therapie anzufangen.

Eine (Knochenmarks-)Untersuchung von Geertje und mir ist schiefgegangen.

Das ist echt Scheiße. Jetzt muß wieder neu Blut abgenommen werden. Es sind Blutgerinnsel dringewesen. Wir sind auch beim Zahnarzt gewesen. Jetzt muß ich den Mund mit Salzwasser spülen, mir dreimal am Tag die Zähne putzen und sie mit Zahnseide saubermachen. Aber das darf ich natürlich nicht mit dem weißen Zeug machen, das wir haben, nein, es muß spezielle Zahnseide mit Wachs sein. Ich habe gerade so schön geschlafen, als ich zum Zahnarzt mußte, ich war echt einen Moment lang sauer. Röntgen, na ja, das hätte ich ihnen auch sagen können, daß alles in Ordnung ist. Allerdings hoffe ich, daß ich heute abend mit Papa im Restaurant essen darf. Ich werde versuchen, es mir diese Woche ein bißchen gemütlich zu machen.

LEUKOS: 1,9/HB: 5,9/THROMBOS: 543

Küßchen, Floortje

Es ist wieder Krankenhauszeit. Die Therapie wurde um ein paar Tage verschoben, weil ich einen kaputten Mund, ein entzündetes Auge und zwischendurch etwas Grippe hatte. Deshalb fragte Mama Dr. van Leeuwen: »Kann die Therapie nicht um ein paar Tage verschoben werden, sonst hat sie doch von den Wochen dazwischen nichts gehabt.«
Es klappte.
In der Zwischenzeit bin ich dreimal bei Kees Boegem gewesen und wunderbar massiert worden.
Meine Blutwerte waren sehr gut:
LEUKOS: 4,6/HB: 7,3/THROMBOS: 436
Ich habe gerade eine Knochenmarkspunktion hinter mir. Ineke (die Stationsärztin) ist in Urlaub, deshalb hat Carlijn (eine andere Stationsärztin) es gemacht. Sie hat dreimal danebengestochen, und mit dem Port-a-cath gab es vorher auch schon Probleme.
Ich möchte gleich jemandem einen Brief schreiben, aber ich weiß noch nicht, wem. Letztesmal habe ich einen an Lissa geschrieben, deshalb ist es blöd, ihr schon wieder zu schreiben. Aber wenn ich einen Brief an Diederik schreibe, will ich zu Hause sein. Da erzählt es sich leichter drauflos. Oder an Lieve oder Laura oder an alle gleichzeitig.

Floortje

Oje, ich glaube, ich habe ein kleines Problem.

Du weißt, daß ich eine ganze Zeit lang in Sander verliebt war. Na ja, da war ich seit einiger Zeit drüber hinweg, aber ich hatte immer noch eine unglaubliche Schwäche für diesen Jungen. Er hat sich zwar in letzter Zeit sehr komisch benommen, das kann allerdings auch an mir liegen, aber teilweise liegt es auch an ihm. Meiner Meinung nach wußte er nicht so richtig, was er tun sollte, wie er sich verhalten sollte. Also, ich fand ihn in letzter Zeit doch wieder sehr süß. Eigentlich schon seit nach den Ferien, aber das hat wieder nachgelassen, weil er sich so *komisch* verhielt. Aber gestern bin ich mit Lieve nach Hause gegangen, weil ihre Kette abgegangen war (vom Fahrrad). Wir gingen gerade über die Straße (ich hatte ihn zwar bemerkt, aber danach in eine andere Richtung geschaut), als er mich rief und mich begrüßte. Das finde ich dann wieder so lieb!

Jedesmal, wenn ich einen *Love Song* höre, denke ich an ihn. Auch hin und wieder mal an Diederik, aber wenn man einen von den beiden echt als Freund hätte, dann wäre glaube ich Sander besser, den kenne ich auch länger, und Diederik kann von Mal zu Mal so verschieden sein. Ich bin schon sehr lange verrückt nach Sander. Ich habe mal gesagt, daß ich einen Kuß für ihn aufhebe, und das werde ich ganz sicher tun.

Übrigens, ich komme im Fernsehen. Super, was? In der Sendung »Ereprijs 17« auf NCRV. Sie wollten ein Interview mit jemandem machen, der sehr oft und lange im Krankenhaus war, und dann haben sie aus

allen Kinderabteilungen im Krankenhaus mich ausge-
sucht.

Cool, was?

Vielleicht kaufe ich mir eine Perücke mit ganz langen,
geraden Haaren und einem schwarzen Band. Aber ich
weiß es noch nicht genau, es ist doch nur für so kurze
Zeit, und ich weiß nicht, ob ich mich traue, sie in der
Schule zu tragen. Ich muß wohl noch mal eine Nacht
darüber schlafen.

LEUKOS: 5,1/HB: 6,8/THROMBOS: 452

Küßchen,
Floortje

Januar 1992

Gedanken

Der Beat der Musik dröhnt in meinen Ohren. Ab und
zu falsche Stimmen, die mitsingen, während Dias und
Licht, das zwischen den Gardinen durchfällt, das muffi-
ge Klassenzimmer erhellen.

Endlich, ein bißchen action! Ich höre *Satisfaction* von
den Rolling Stones. Ich schweife mit meinen Gedanken ab von der langweiligen Musikstunde zu den Som-
merferien. Die Sonne, der Strand, die Disco, the pub
und ... Simon. Ich sehne mich nach ihm. Das Tanzen
in der mit Rauch und Leuten gefällten Kneipe, das
Knutschen im Gebüsch. Ja, ich vermisse die Ferien.
Den Körper, den ich damals hatte, das Haar, das

unbeschwerte Leben. Ja, die Ferien waren echt supertoll!!
Langsam kehre ich zurück in die Wirklichkeit und
fürchte mich davor, daß irgend jemand das hier irgendwann mal lesen könnte.
Ach, what the heck!
Das kann mir scheißegal sein. Ich sitze hier alleine
und ärgere mich über ein paar Leute, die irgendwo
hinter mir sitzen. Ich frage mich, wie es heute gewesen
wäre, wenn ich nicht wieder krank geworden wäre.
Wenn die verdammte Leukämie nicht wiedergekommen wäre.
Ich habe Lust auf einen Freund, auf einen schönen
Kuß. Aber sobald ich weiter denke, schaudert es mich
bei dem Gedanken an meinen eigenen Körper. Noch
dreieinhalb Monate (hoffe ich), dann kann mein »nor-
males« Leben wieder anfangen.
Aber es ist verdammt schwierig zu akzeptieren, daß
dann nicht alles sofort wieder normal ist.

Tiefsinnige Bemerkungen

Februar/März 1992

Na, das sind mal wieder tolle Aussichten!
Die im Krankenhaus sind echt gut darin, einem einfach
alles wegzunehmen. Mitte/Ende März hatte man mich
also für eine Knochenmarkstransplantation eingeplant.
Aber das klappt wahrscheinlich nicht. Weil jetzt noch
zwei vor mir dran sind, von denen einer dazwischen-

geschoben wurde. Es kann also Ende April werden (oder aber Mitte Mai), oder aber auf der Erwachsenenstation gemacht werden (aber da ist es doch zu voll). Oder aber: Die ganze Schulplanung zum Teufel. Das bedeutet höchstwahrscheinlich (bzw. mit Sicherheit): nicht versetzt zu werden, und in den Ferien kann ich nicht normal aussehen.

Dieses ganze Jahr ist mir schon weggenommen worden, mein gesamtes Selbstvertrauen, meine Figur, und weil ich während der Knochenmarkbehandlung bestrahlt wurde, bin ich unfruchtbar geworden.

Ich kann also niemals Kinder bekommen und muß mein Leben lang Hormontabletten schlucken. Was bleibt mir denn dann noch?

Und wenn kleine Hosenscheißer vor mir dran sind, dann dränge ich mich einfach vor, denn ich bin mir ganz sicher, daß es für ein vierzehnjähriges Mädchen etwas wichtiger ist, versetzt zu werden, als für ein kleines Kind von acht Jahren oder so. Ist doch wahr!!!

ICH LASSE MIR NICHT ALLES WEGNEHMEN!!

Floortje

13. März 1992

Es ist schon wieder ein paar Wochen später, und ich kann einfach nicht mehr. Am 6. April muß ich zur Knochenmarkstransplantation.

Ich fühle mich so entsetzlich beschissen! Ich wiege 62

Kilo, ich habe also 10, ja 10 Kilo!! zugenommen. Habe immer noch eine Glatze und das Gefühl, daß mich niemand so richtig leiden mag.

Ich würde alles darum geben, jetzt wieder normal zu sein, oder eine Woche so zu erleben, wie sie normalerweise gewesen wäre. Ich kann es nicht mehr ertragen. Ich bin kurz davor zusammenzubrechen.

LEUKOS: 2,9/HB: 7,8/THROMBOS: 259

Viele liebe Grüße, Floortje

Montag, 29. April 1992, abends um 5 nach 7

Ich schaue aus meinem Fenster auf das, was Amsterdam-Südost mir bietet. Die Sonne geht unter und erinnert mich an einen Spruch auf der Mädchentoilette (Willem-de-Zwijger-Schule, erster Stock):
Die Sonne geht unter. Ein seltsames Gefühl erfaßt mich.
Fühle mich seltsam? Nein ... ich weiß nicht. Aber es sieht so aus, als würden alle Wolken nach der Sonne schauen. Die Luft ist so weit, so mächtig. Das Grün darunter ist jung und frisch, die Gebäude dagegen zwar neu, aber häßlich, öde, grau und unbeweglich. Noch nicht einmal der Wind kann daran etwas ändern. Ich liebe die Natur und bin nicht so für Dinge zu haben, die ihr schaden (auch wenn es manchmal einfacher ist). Aber in der Natur selbst ist alles gut und praktisch aufeinander abgestimmt. Es gilt zu fressen oder gefressen zu werden. Darum frage ich mich manchmal, wofür das hier eigentlich gut ist. Ob ich nicht besser schon

lange unter der Erde wäre. Aber das Leben ist einfach so schön!

Papa und Mama sind jetzt unten und essen. Mama bleibt über Nacht hier. Ich selbst habe schon seit über zwei Wochen nicht mehr gegessen. Und sehr wenig getrunken. Morgen ist der Geburtstag unserer Königin Juliana. Ich werde nicht dabeisein, bei all der Feierei.

Ich fühle mich vergessen. Obwohl ich eigentlich viele Karten bekomme, aber nicht von denen, von denen ich sie wirklich gerne hätte. Von ... und ... habe ich eigentlich auch etwas erwartet, aber was soll's. Und von ..., aber na ja, ist auch eigentlich nicht nötig. Aber trotzdem. Das Gefühl bleibt.

Meinem Mund und meinem Hals geht es schon wieder viel besser.

Leukos sind bei 0,5. Wollen wir hoffen, daß das so bleibt.

Floortje.

Freitag, 1. Mai 1992, AMC *Amsterdam*

Ich bin jetzt schon die vierte Woche hier wegen der Knochenmarkstransplantation. Eine Gardine ist zugezogen, und es ist schlechtes Wetter. Mama ist unten, einen Kaffee trinken und eine Zigarette rauchen. Papa hat mich ein bißchen genervt, ich kann nicht genau erklären, warum, aber er möchte so gerne viel für mich tun und kommt sich dadurch selber toll vor.

Hab' nicht so viel zu erzählen, der Tag war genau so öde wie immer. Habe viel geschlafen.

Ich fühle mich einsam, so als ob niemand (außer Papa, Mama und Geer) versteht, was all das bedeutet. Für die Leute in der Schule gilt das auch größtenteils.

Ich würde gerne ein richtig gutes Buch hierüber schreiben. Ich glaube, ich fange damit an, meine eigenen Gedanken zu sammeln.

Zeichnen kann ich absolut nicht. Ich bringe in der letzten Zeit überhaupt nichts zustande, und das ärgert mich. Ich mache nichts, hänge nur im Bett rum. Zusammen mit meinem alten, treuen, lieben Schlappohr.

Ich vermisse Geer und die Gesellschaft von vernünftigen Leuten. Ich habe Lust, Klamotten zu kaufen, second hand, Zigeunerblusen und so was.

Dann schau' ich halt fern. Ich habe das Gefühl, verrückt zu werden, es ist echt schlimm hier. Wie kann man jemanden verrückt machen?

In erster Linie dadurch, daß man ein vierzehnjähriges Mädchen wochenlang in ein drei mal vier Meter großes Zimmer legt.

LEUKOS: 0,5/HB: 7,1/THROMBOS: 13

Floortje

Samstag, 2. Mai 1992

Halb zehn: Habe mich gerade mit Mama gestritten. Sie fand, daß ich die Tabletten immer zu lange stehen ließe. Sie hatte zwar recht, aber nicht heute. Ich wurde um halb neun von der Schwester mit der Spritze geweckt, danach kam die Putzfrau und Renate mit den Tabletten, und ich mußte mir noch den Mund einsprühen und noch ins Bad. Mit Mama ist wieder alles okay. Geertje kommt heute nachmittag spät. Gestern abend war Piet Groenteman mit seiner Band auf Emma-TV. Echt gut, er spielt echt gut Schlagzeug, aber er kann nicht singen.

2 Uhr: Im Bad gewesen, Mund eingesprüht, Zähne geputzt, Tabletten geschluckt, auf dem Klo gewesen, kurz hingelegt, Tabletten, Zäpfchen, Untersuchungen, Mund eingesprüht, Visite von Dr. Behrendt und dann kam Papa. Wir haben uns beide kurz hingelegt, ich habe mir den Mund eingesprüht, bin kurz auf dem Hometrainer geradelt, dann haben wir uns noch mal kurz hingelegt und jetzt ist es schließlich 4 Uhr. Ziemlich ruhiger Tag, was? Ich warte sehnsüchtig auf Geertje, aber sie muß um 3 Uhr erst noch spielen, schnüff, schnüff. Ich habe die *Cosmopolitan* und die *Yes* von Laura bekommen. Lieb, was?

Die Blutwerte weiß ich noch nicht.

Sonntag, 3. Mai 1992, viertel vor neun

Gestern habe ich mir noch mit Papa zusammen einen Film angeschaut und habe von Geertje eine wunderschöne Kette bekommen. Es war echt gemütlich. Habe noch kein Ergebnis von der Blutuntersuchung, nur die Leukos, 0,8. Heute war es langweilig, und es ging mir schlecht. Christa hat angerufen, das war echt nett. Sie kommen vielleicht diese Woche vorbei.

LEUKOS: 1,2!!!/HB: 7,1/THROMBOS: 19

Eine gute und eine schlechte Nachricht.
Die Behandlung hat angeschlagen.
LEUKOS: 1,7/HB: 7,1/THROMBOS: 34
Alles klappt. Die Infusionen (SDD) sind vorbei, ich muß jetzt nur noch lernen, zu essen und zu trinken. Trotzdem bin ich niedergeschlagen. Habe zu wenig von Leuten gehört.
Lissa hat am 9. Mai Geburtstag und macht morgen eine Fete. Morgen ist Feiertag, und ein paar Leute wollten eventuell vorbeikommen. Na ja, es ist einfach alles Scheiße.
Habe gerade jemanden angerufen, aber niemand ging ans Telefon.
Habe Oilily-Parfüm bekommen! Das ist echt teuer.
Es ist wirklich sehr eigenartig. Gerade habe ich noch mit Marga (der Spielleiterin) gesprochen und unter anderem auch über Düfte.
Ich sehe schwarz, was das Essen und Trinken angeht, und davon hängt ab, ob ich nach Hause darf.

Floortje.

22. Mai 1992

Wenn ich mir die New-Age-Kassette anhöre, kann ich mir vorstellen, wieder im Bestrahlungsraum zu sein.
Mit Tränen in den Augen sehe ich mich wieder auf der schalenförmigen Plexiglasliege liegen. Wie ein Fisch in

einem Aquarium, das nur ein kleines bißchen größer ist als er selbst.

Folter ... ja, es war eine Folter.

Ausgezogen bis auf die Unterhose und mit Pflaster festgeklebt, damit ich mich ja nicht bewegen kann.

Ich fühle mich alleine, so alleine ... einsam. Stimmen von weit weg, die von Papa, Mama, Geertje und fremde, von Leuten, die ich wahrscheinlich nicht kenne, dringen zu mir durch. Sie können mich auf einem Monitor sehen, aber ich kann sie nicht sehen.

Ein Gefühl, als ob ich keinen von ihnen je wiedersehen werde, überfällt mich. Der große Apparat, wie eine Art von Arm vor mir, wo ein wenig Licht herauskommt und die nicht spürbaren und doch so schädlichen Röntgenstrahlen.

Die Krämpfe in meinen Muskeln sind fast unerträglich. Aber es unterbrechen zu lassen, um sich kurz zu bewegen ... nein, dann dauert es nur um so länger.

Die Wände, in stumpfem Weiß, schienen sich auf mich zuzubewegen, obwohl der Raum so groß war. Das Geräusch des Röntgenapparates, wie das Geräusch eines Zahnarztbohrers, wurde ab und zu unterbrochen. In welchen Abständen? Jede Minute, alle zwei Minuten? Eins, zwei, drei, nein, lieber nicht zählen.

Musik im Hintergrund, kaum hörbar wegen des Apparates, und die Unsicherheit.

Sitzen die Schutzklappen auf meinen Augen auch richtig?
Geht auch alles gut?
Wie lange dauert es noch?

Noch lange?
Wann ist es vorbei?
Sind noch alle da?

Und dann gibt es noch die Dinge, die einem durch den Kopf gehen. Ich denke, daß es dieselben sind, als hätte man gerade erfahren, daß man in ein paar Tagen stirbt. Alles, was ich in meinem Leben getan habe, was ich noch vorhabe, wen ich verletzt habe oder wer mich, was noch alles passieren würde und wen ich noch sehen möchte, und was ich sagen würde, bevor ich sterbe. Vor allen Dingen zu Papa und Mama und besonders zu Geertje.

Und alle meine Sachen: Wer bekommt was? Also eigentlich mein Testament. Und dann die Erlösung! Der Apparat wird abgeschaltet, und man darf sich kurz bewegen. Kurz ... denn dann muß man wieder hinein. Die Plexiglasliege wird gedreht, und da liegt man wieder eine Viertelstunde lang in derselben verkrampften Haltung.

Eine vierzehnjährige Träumerin.

6. August 1992

YES, ICH HABE EINEN FREUND!!!

Caspar hat ungefähr um zwanzig vor zehn angerufen, weil er kurz vorbeikommen wollte, denn wir müßten miteinander reden. Das haben wir auch gemacht, und er ist in mich verliebt, und ich glaube, ich auch in ihn, auf jeden Fall weiß ich, daß ich mehr für ihn empfinde als nur Freundschaft.

Also sind wir zusammen losgegangen, und er hat mich zum Bahnhof gebracht. Ich mußte nämlich den Zug um fünf nach zwölf kriegen, weil ich mit Bauwien nach Utrecht fahren wollte. Ich freue mich echt total. In Utrecht habe ich noch einen ganz tollen Schmetterlingsring gekauft und einen kleinen silbernen Ohrring.
LEUKOS: 3,4/HB: 7,9/THROMBOS: 100

Alles, alles Liebe
Dein glückliches Floortje

15. September 1992

Ich habe dir nie viel von Freunden aus dem Krankenhaus erzählt. Aber jetzt muß ich mal eben was loswerden.

Maikel kam ungefähr eine Woche nach mir ins Krankenhaus (als ich das zweite Mal drin war). Ein lieber Junge, wir haben zwar nie zusammen in einem Zimmer gelegen, aber immer geschaut, ob der andere da war. Und haben immer gefragt, wie es dem anderen ging.

Maikel hatte auch Leukämie, aber eine viel kompliziertere Form. Ich glaube (aber ich bin mir nicht sicher) lymphatische myelotische Leukämie, falls es das gibt. Es ging ihm nicht gut. Er hat es während der Behandlung wieder gekriegt. Er sollte eine Knochenmarktransplantation bekommen, aber bei seiner Form von Leukämie konnte man nicht sein eigenes Knochenmark nehmen, und das von seiner Schwester und seinen Eltern war nicht geeignet. Er hat noch in *De Telegraaf* gestanden mit einem Spendenaufruf. Aber es half alles nichts. In der Knochenmarkbank hatte man zuerst, glaube ich, einen Franzosen, aber dessen Knochenmark paßte schließlich auch nicht. Was für ein Glück, daß es bei mir mit meinem eigenen Knochenmark ging.

Maikel ist gestern gestorben. Wir haben von ihm Abschied genommen, er war aufgebahrt. Er war so schön, wie eine Wachspuppe. Pechschwarze Haare (sie waren schon wieder ein bißchen nachgewachsen). Pechschwarze Augenbrauen und Wimpern, schwarzer Pullover. Dick vom Prednison. Wir hatten ihn ein paar Wochen vorher noch gesehen, da hatte er so schöne blaue Augen. Lot war auch da. Ich habe mich gefreut, sie wiederzusehen. Schade, daß es bei so einer Gelegenheit war. Wir sind noch mit den Eltern und der Schwester von Maikel nach Hause gegangen, es tat weh, letzte Geschichten von ihm zu hören und Fotos von ihm zu sehen.

Richtig geweint habe ich nicht. Maikel fand es auch nicht so schlimm, zu sterben. Er fand es schlimm für seine Familie. Aber Maikel sollte nicht tot sein. Er hatte noch so viel vor in seinem Leben.

Aber er sagte: »Es kommen Kinder tot zur Welt, die haben gar nichts gehabt. Ich habe immerhin fünfzehn Jahre gehabt.«

Schön, was? Wenn man so was sagen kann.

Ich denke auch, daß, wenn man so kaputt ist, so erschöpft und ausgebrannt, der Tod eher eine Erlösung ist vom Leiden.

Ich glaube, daß der Tod etwas Schönes ist, aber man muß einfach soweit sein. Entweder man muß ein ganzes Leben gelebt haben, oder wirklich so erschöpft sein, daß es nicht mehr weitergeht.
LEUKOS: 2,9/HB: 8,1/THROMBOS: 115

Alles, alles Liebe,
Floortje P.

Maikel

Er, der Junge, der die Natur so liebte.
So hab' ich ihn gekannt, meinen Freund in dem
    öffentlichen Haus.
Immer fröhlich und lachend.
So lebt er fort in meiner Erinnerung.

Erinnerung ... denn er ist fort.
Er war ... so vieles.
Er ist in einen ewigen Schlaf gesunken.
Hier auf Erden verfolgt von einem verräterischen Feind.

Er kämpfte um sein Leben, aber die Deiche waren
    nicht stark genug.
Und er, von Krankheit hinweggerafft, ist
    dahingegangen.
Und ließ eine große, leere, düstere Stelle zurück.

Mit aller Liebe und Geborgenheit, die für ihn
    bestimmt war.
Und mit der Familie und den Freunden, die hier auf
    der Erde zurückbleiben.
Wir sind es, die weitergehen müssen; weiter durch das
    tiefe Tal; weit weg von den Gipfeln des Glücks.

Wir hegen die Erinnerungen, denn vergessen werden
    wir ihn nie.

Eine Übermacht, die immer stärker wurde ... Ich
    hoffe, daß Maikel jetzt an einem schönen Ort ist.

(NIE ABGESCHICKTER BRIEF)
Liebeskummer

Lieber Caspar,
vielleicht fragst Du Dich jetzt, warum in aller Welt Du
einen Brief von Floortje bekommst?!
Jedenfalls soll er keine Schuldgefühle in Dir wecken.
Ich möchte nur gerne, daß Du weißt, wie ich mich
fühle. Nicht, daß das irgend etwas nützen würde, aber
trotzdem. Cas, ich finde es so schrecklich schlimm,
daß es aus ist, und ich vermisse Dich unglaublich,
auch wenn ich Dich noch oft sehe (im Peukje). Ich
verstehe Dich, wenn Du sagst: »Wenn ich daran zweifle, höre ich besser auf damit.« Aber wirklich, ich
würde nicht so denken. Hier ein Zitat aus einem Brief,
den ich von einem Mädchen aus England bekommen
habe, mein Lebensmotto: »*If we spend our time putting
things off, just in case they don't work out, life will be
wasted.*«
Aber ich verstehe eigentlich gar nicht, warum Du angefangen hast zu zweifeln. Nur weil ich damit angefangen habe?!
Cas, für mich brauchst Du Dich nicht zu ändern, nicht
ein bißchen. Es gab nur ein paar Dinge, die ich hinter-
fragt habe, und die Fragen habe ich Dir gestellt. Das
einzige, was Du zu sagen brauchtest, war, ob sie berech-
tigt waren oder nicht.
Wenn Du gesagt hättest: »Wegen diesen Dingen
brauchst Du keine Zweifel zu haben«, dann wäre al-

les (!!!) in Ordnung gewesen, Cas, dann hätte ich das gewußt und akzeptiert.

Na ja, ich wollte nur sagen, daß ich es furchtbar finde, daß es aus ist, daß ich Dich vermisse, und daß ich Dich liebe. Ich werde Dich immer lieben, egal, was passiert.

Alles, alles Liebe
Floortje

Dienstag, 17. November 1992

So, Floortje ist jetzt viel unglücklicher als das letzte Mal. Stimmt, es ist aus mit Caspar, eigentlich schon seit einer ganzen Weile. Wir waren sieben Wochen zusammen. Aber ich habe jetzt keine Lust, darüber zu sprechen, auch wenn ich noch oft an ihn denke.

Ich habe eine Lungenentzündung, bin seit vier Wochen krank und schon seit drei Wochen nicht mehr in der Schule gewesen (eine Woche waren Ferien).

Es geht mir schon wieder viel besser, aber ich habe mich ganz schön krank gefühlt. Ich habe sieben Kilo abgenommen, weil ich wieder so einen abartigen Geschmack im Mund habe und die Speicheldrüsen funktionieren auch wieder nicht richtig. Du verstehst schon: Am Anfang war es wieder das gleiche Theater mit dem Essen wie kurz nachdem ich aus dem Krankenhaus gekommen war. Ich war auch für eine Nacht im Krankenhaus, da bekam ich Sauerstoff, weil ich kaum Luft kriegte.

Vor den Ferien sind wir mit vier Schulklassen in London gewesen. Es war supergut. Es war eiskalt, aber echt super. Ich erzähle noch alles ausführlich.

Da habe ich mir wahrscheinlich auch die Lungenentzündung geholt.

Es ist so zum Kotzen, ich hänge jetzt schon wieder seit vier Wochen zu Hause rum und hinke drei Wochen in der Schule hinterher, aber ich kann mich momentan, wo ich krank zu Hause bin, nicht dazu bringen, etwas von mir aus zu tun. Ich mache es dann halt in den Ferien.

Ich werde es dieses Jahr nicht schaffen, niemals. Ich bin in letzter Zeit ganz schön depressiv.

LEUKOS: 4,8/HB: 9,0/THROMBOS: 161

Alles, alles Liebe
Dein unglückliches Floortje

1. Dezember 1992

Es scheint, als hätte ich es gespürt. Habe heute eine Antwortkarte von Suzanne Demers bekommen. Ich hatte ihr zuerst geschrieben.

Suzanne ist eine Freundin aus dem Krankenhaus. Ich kenne sie aus der Zeit, als ich das erste Mal Leukämie hatte. Es geht ihr nicht gut. Sie hatte einen Tumor in der Hüfte; er war schon zum zweiten Mal wiedergekommen, dann war er wieder weg, dann wanderte er in ihren Kopf und dann in den Rücken. Man kann nichts mehr daran machen. Sie wird also auch sterben.

Ich kann wieder nicht weinen. Aber diesmal kann ich

es nicht, weil es einfach besser so ist. Suzanne ist so lebenslustig, sie hat vor kurzem ein Pharmazie-Studium angefangen, sie hatte gerade ein Häuschen in Utrecht gefunden, und dann kommt es wieder. Manchmal frage ich mich, ob ich nicht ein bißchen verrückt geworden bin. Ich kann nicht mehr wegen der wirklich schlimmen Dinge weinen, nur noch wegen Kleinigkeiten.

So wie vor kurzem in Gooi. Ich hatte mir Geertjes Hockeyspiel angesehen und ging noch mit zum Clubhaus. Es waren viele Leute da, die ich kannte, aber zu denen ich keinen Kontakt hatte. Doch, Vanessa, aber die war die ganze Zeit mit Renate und Jacqueline zusammen, und die zwei kenne ich eigentlich nicht so richtig. Pauline war mit einem Mädchen vom Vitus da, die ich weiter nicht kenne, und war plötzlich verschwunden. Es wurde Musik gemacht, und alle fingen auf einmal an mit Head-banging. Aber das kommt nur gut mit langen Haaren. Auch Geer hat sich nicht für mich interessiert.

Ich fühlte mich alleine, genau wie damals, als ich so dick war und die Perücke auf hatte. Wie beim großen Fest, so als ob ich nicht dazu gehörte. Jeder hatte jemanden, nur ich nicht.

Das brachte mich zum Weinen, aber daß Suzanne stirbt, deswegen weine ich einfach nicht.

Ich weiß nicht, was ist denn los mit mir?

Vielleicht kommt es daher, daß ich sehr neugierig darauf bin, was nach dem Tod kommt und weil ich selbst oft wünschte, tot zu sein. Einfach um diese ganze Scheißwelt los zu sein.

Ich habe kein Selbstvertrauen oder Selbstwertgefühl mehr. Mir, ausgerechnet MIR, liegt nichts mehr am Leben.

Dir ist sicher aufgefallen, daß ich depressiv bin, aber das liegt wahrscheinlich auch an Caspar. Ich fühle mich weggeschubst und benutzt (auch wenn letzteres wahrscheinlich nicht stimmt). Aber er versucht so sehr, wie Guus zu sein, er ist nicht mehr er selbst. Er fühlt sich so als *cooler Mann*, und das, seit wir uns getrennt haben. Er hat gesagt, daß er es auch schade fände, daß wir auseinandergegangen sind. Aber wie kann denn das Gefühl so schnell weg sein? Letzten Freitag haben wir zusammen seinen Geburtstag gefeiert. Wir haben Video geguckt und sind noch kurz zusammen weggegangen. Als wir nach Hause gingen, kamen wir zuerst bei ihm vorbei und haben uns verabschiedet, pffff. Dabei und auch kurz davor war die ganze Zeit eine gewisse Spannung da, diese kleinen Schmetterlinge im Bauch, die kamen dann wieder zum Vorschein. Aber dieses Gefühl muß von beiden Seiten kommen, sonst ist es einfach nicht echt. Na ja, so ein Gefühl war weit und breit nicht in Sicht. Aber wenn er doch wirklich verrückt nach mir gewesen ist, und es wirklich traurig fand, daß es aus war, wie kann dann das Gefühl so schnell verschwunden sein? Denn das war es ganz offensichtlich. Ich verstehe das nicht.

Na gut, in ein paar Wochen sind Weihnachtsferien, und vielleicht gehe ich dann Suzanne mal kurz besuchen.

Es ist so traurig, sie hat so viele Jahre lang (mindestens drei) versucht, gesund zu werden, und es hat immer

geklappt, aber jedesmal kam es wieder. Und ich jamme-
re dauernd über meine Problemchen.
LEUKOS: 5,1/HB: 8,7/THROMBOS: 139

Alles, alles Liebe
Floortje

5. Dezember 1992

Ich fühle mich in letzter Zeit so niedergeschlagen. Ich
komme mir langweilig, uninteressant, unattraktiv vor.
Total benutzt und alles, was du dir nur vorstellen
kannst. Bei der Mutter von Anouk, einer Freundin von
Geertje, ist nach fünf Jahren der Brustkrebs wiedergekommen. Ich habe auch Angst, daß wieder etwas nicht
in Ordnung ist. Ich habe das Gefühl, der Krebs erobert
die Welt.
Wie kann ich denn eigentlich depressiv sein? Alles
fliegt mir zu. In der Schule wird total auf mich einge-
gangen, alle sagen, daß ich gut aussehe, und zu Hause
sind auch alle lieb zu mir. Aber jedesmal, wenn sie
einen Scherz über mich machen, kränken sie mich
schrecklich damit. Und es sind Scherze, die auch so
gemeint sind. Wie heute am Abendbrottisch, wo ich
wieder diejenige war, die alles falsch machte.
Heute abend ging es wieder mal darum, ob Papa eigentlich »der Richtige« für Mama sei, und Mam sagte
daraufhin: »Woher soll ich das wissen? Es hat nieman-
den vor ihm gegeben.« Und da meinte ich: »Wieso? Da
ist doch dieser Evert gewesen.« Hans sagte: »Ja, wenn

Floor sich was merkt, ist es was Unwichtiges. An Evert kann sie sich erinnern, aber wenn Geer sechsmal sagt, daß sie nächste Woche Prüfungen hat, dann weiß sie es immer noch nicht.«

Also, das kann ich überhaupt nicht haben, sie demütigen mich so furchtbar. Ich werde noch verrückt deswegen. Warum, was mache ich falsch? Warum ich? Und es war wirklich nicht nur heute abend so, so geht es schon seit einer ganzen Weile.

Heute dachte ich noch, auf, ich geh' mal nach Gooi und guck mir B5 (mein Team) an. Ich kann immer noch nicht mitspielen, weil ich noch Husten habe. Aber der Wettkampf war abgesagt worden. Sie hatten mich noch nicht mal angerufen. Ich finde Gooi zum Kotzen. Am Donnerstag hatten wir Oberstufenfete am Willem-Gymnasium. Ich habe die ganze Zeit echt super mit Anouk geredet. Die Freundin von Geertje, sie wußte noch nicht genau, ob die Krankheit bei ihrer Mutter wieder zurückgekommen war. Wir haben echt toll geredet. Über das Gefühl, man selber zu sein und so. Es war total tiefsinnig, danach bin ich mit Karin und Annet ins Kraan gegangen, da war es nicht so gut. Danach sind wir ins Peuk, Annet ist nach Hause gegangen, und ich habe kurz mit Geer und Miriam zusammengesessen, echt cool, eine von beiden (ich weiß nicht mehr, wer, ich glaube, es war Geer) hat die Arme um uns geschlungen und gesagt: »Jetzt bin ich bei den Leuten, die ich gern habe.« Lieb, was? Dann bin ich mit Karin weggegangen.

Karin hat bei mir übernachtet, ich saß bei ihr hinten auf dem Fahrrad und bin einfach vornüber runtergefallen, voll auf die Knie. Die sind jetzt total blau. Ein Junge hat sich aus dem Fenster gelehnt, und seine Freundin, die hinter ihm stand, fragte, alles okay? Und zwei Jungen auf einem Fahrrad hielten an und fragten: »Kannst du aufstehen?« Eigentlich lustig.

Aber ich mache mir Sorgen, weil ich noch nicht mal so schlimm gefallen bin, und trotzdem sind meine Knie superblau, und wenn ich mich mal stoße, tut es so weh, und ich werde sehr schnell müde. Ich habe Mama das mit den Knien erzählt, weil sie sonst denkt, daß ich sturzbetrunken war. Gerade weil sie mir nicht vertraut, würde ich so was viel eher tun. Ich meine, daß ja dann auch kein Vertrauen da ist, das man enttäuschen kann. Ist doch wahr, oder?

Mama denkt nämlich, daß ich wahnsinnig viel rauchen würde, daß ich mir in der Kneipe eine nach der anderen anzünden würde, und daß ich jedesmal total blau wäre oder so, weil ich nach Hause gekommen bin, als sie noch wach waren und beinahe gegen den kleinen Tisch gelaufen wäre, weil ich zum Fernseher geguckt habe. Na gut, ich hatte da auch wirklich was getrunken, aber ansonsten ist das völliger Blödsinn. Ich find's echt toll, daß sie so viel Vertrauen in mich haben!

Floortje

16. Dezember 1992

Im Krankenhaus war alles in Ordnung, aber neulich habe ich doch was Schlimmes angestellt. Wir waren im Peuk und hatten, bevor wir weggegangen waren, zu

dritt eine Flasche Wein getrunken. Nach einer Weile war ich echt beschwipst. Bis wir gegangen sind, war es super. Habe mit Pepijn und Luc geredet, war echt prima. Aber dann habe ich versucht, Luc zu knutschen, mitten im Peuk, hat natürlich nicht geklappt. Hab' ihn gefragt, ob er mit raus käme, ich könnte meine Jacke nicht finden (tolle Idee, was?). Bin Caspar um den Hals gefallen und habe auch versucht, Pepijn, der uns nach Hause brachte, abzuknutschen. Obwohl Laura danebenstand. Ich fühle mich so beschissen. Nardine (die vor einiger Zeit mit Luc zusammen war) hat es auch gesehen und zu Annet gesagt: »Diese Floor ist aber ein komisches Mädchen.« Ich habe solchen Schiß, wieder ins Peuk zu gehen. Ich bin total genervt.
LEUKOS: 4,1/HB: 9,0/THROMBOS: 139

Alles Liebe,
Floortje

Allein

Langsam schleppt der Tag sich hin
Stille hüllt mich ein
niemand wartet auf mich mehr
Tag und Nacht sind eins.

Wie ein Echo hallt dein Lachen
wider in meinen Gedanken
auf deine Liebe werde ich ewig warten
selbst wenn sie vielleicht schon nicht mehr da ist.

Liebes Tagebuch
1993

Ich erinnere mich genau daran
wie ich ihn am zweiten Weihnachtstag wiedergesehen
    habe,
es hat sich in mein Gedächtnis eingebrannt,
und der Gedanke daran macht mich glücklich.

Ja, diese Neujahrsnacht,
die kam so unerwartet,
ein Zwinkern, ein Lächeln von dir,
die Wärme in der eisigen Kälte.

Sollt mir so etwas passieren?
Sollte sich mein Leben wieder aufhellen?
Vorsicht, Floortje, vielleicht ist es nur Schein,
und richtig, es war zu schön, um wahr zu sein.

Eine vage Hoffnung hegte ich noch,
aber ich kam vom Regen in die Traufe,
noch keine Minute ließ ich dich allein,
und schon kam sie, Marleen.

Am nächsten Tag hörte ich im Peuk,
ja, Marijn fand dich so süß,
das hörte ich von Miriam erzählt,
und es klang wie Musik in meinen Ohren.

Tief in Gedanken und für alles andere taub,
voller Nichtbegreifen und Unglaube,
saß ich da an der Bar,
mit einem Glas Wein, völlig durcheinander.

Aber warum bist du mit ihr gegangen,
ich wartete doch auf dich,
warum ... man fängt dann an zu denken,
du sagtest, du wolltest mich nicht kränken.

Weil du wieder nach Italien müßtest,
so weit weg von hier.
Ein Argument, das felsenfest war,
und vielleicht hattest du auch recht.

Ich habe nicht aufgepaßt,
du versuchtest noch, mit mir zu reden,
aber ich, überrumpelt von deinen Fragen,
konnte nur eine vorsichtige Antwort wagen.

Eine Woche bist du noch geblieben,
und dann verschwunden aus meinem Leben,
und seitdem verschwende ich meine Zeit,
von früh bis spät in der Kneipe.

Und dann Marleen, nicht unerwartet,
rief: »Ich habe ihn nach Schiphol gebracht«,
und sie glotzte dabei blöd,
»ja, und ich habe auch bei ihm übernachtet.«

Eifersucht, Wut und Haß,
ja, auf sie, auf sie bin ich wütend.
Verdammt, hau doch ab,
und quatsch jemanden anders voll.

Ich will doch auch einmal Vergnügen,
Romantik und Liebesfreuden,
oder habe ich mich jetzt zu sehr beklagt,
und ist so was vielleicht zu viel verlangt?

(NICHT ABGESCHICKTER BRIEF)

Lieber Marijn,
in Gedanken habe ich Dir schon Tausende von Briefen geschrieben, aber davon hast Du natürlich recht wenig. Ich hoffe, daß Du gut angekommen bist und daß es Dir gut geht.
Mir geht es nicht so besonders. Du weißt wahrscheinlich, daß meine Blutwerte letzte Woche bei der Untersuchung nicht ganz in Ordnung waren. Deshalb mußten wir eine Woche später noch mal hin, um nachschauen zu lassen, ob sie sich verbessert hätten. Das war heute, und die Blutwerte waren noch schlechter geworden. So, wie es jetzt aussieht, könnte es das Anfangsstadium von Leukämie sein.

Es ist also sehr wahrscheinlich, daß meine Leukämie wieder da ist. Morgen müssen wir noch mal ins AMC wegen einer Knochenmarkspunktion. Dabei wird Knochenmark aus einem Knochen entnommen, und zwar ohne Betäubung. Knochenmark ist nämlich flüssig, deshalb wird eine Hohlnadel durch den Knochen gebohrt und damit das Knochenmark abgesaugt. Wenn das Knochenmark aber erkrankt ist, kommt es oft nur sehr schwer heraus. Gott sei Dank kommt Geertje mit, ich werde sie wirklich brauchen.
O Marijn, gerade ging es mir wieder in jeder Hinsicht ein bißchen besser. Ich weiß nicht, ob ich das alles noch einmal ertragen kann. Wieder ein ganzes Jahr weg, ich

habe mir so viel Mühe gegeben für alles in meinem Leben, warum muß das jetzt noch einmal sein?

Diese ganzen beschissenen Leute, von denen man entweder nie mehr was hört oder die so tun, als ob sie verstünden »was du alles durchmachst«, während gerade sie in Wirklichkeit kein bißchen davon verstehen. Marijn, ich habe keine Lust mehr dazu, das arme, kranke Mädchen zu sein. Immer alles brav mitzumachen, es ist ja zu deinem eigenen Besten. Immer nur Mitleid. Ich will kein Mitleid, verdammt noch mal, ich will normal sein!! *Nein, Floor, trink doch nicht so viel, das ist nicht gut für dich. Floor, du darfst nicht mehr rauchen, du mußt dich damit abfinden, daß du anfälliger bist. Floor, hast du deine Tabletten genommen?*

Jedesmal wieder in dieses Scheißkrankenhaus. Kein Fenster geht auf, weil sie Angst haben, man könnte rausspringen, nichts Scharfes weit und breit, weil sie Angst haben, man könnte sich die Pulsadern aufschneiden.

Obwohl es natürlich *die* Chance wäre, alle Probleme hinter sich zu lassen. Wenn du nur wüßtest, wie oft ich mich gefragt habe, warum ich noch nicht in Ruhe unter der Erde liege. Aber ich könnte es nicht (glaube ich). Geertje und Papa und Mama bedeuten mir so viel. Marijn, wenn ich daran denke, wieder kahl und fett zu werden von den Medikamenten, könnte ich kotzen. Ich will es nicht glauben.

Das bißchen Selbstvertrauen, das ich habe, wird dann sehr schnell immer weniger. Es ist einfach nicht normal, wie ich mich selbst verabscheut habe, wenn ich damals in den Spiegel geschaut habe. Na ja, Ski laufen kann ich dann auch direkt vergessen, genau wie dieses Schuljahr, für das ich so hart gearbeitet habe. Und jetzt rede ich die ganze Zeit nur von mir.

Geertje, die mitten in ihrem Abschlußjahr in der Schule ist; in Papas Geschäft geht auch nicht alles so, wie es sollte, und Mama fängt endlich wieder an, ein bißchen an sich selbst zu denken.

Es ist alles so verlogen!!

Es ist inzwischen Dienstag und wir fahren gleich ins Krankenhaus. Mama kam nämlich gestern rein und sagte, ich müsse doch jetzt wirklich mal ins Bett. Ich muß jetzt weg ... aber ich will nicht. Am allerliebsten würde ich jetzt weit weg zu Dir in Deine Arme kommen, aber was soll's.

Miriam ist sehr lieb zu uns, und darüber freue ich mich wirklich sehr.

Also, dann gehe ich jetzt mal, festgeklammert an das letzte bißchen Hoffnung, daß es doch nicht wiedergekommen ist. Ich glaube nicht mehr daran. Mann, diese Unsicherheit frißt mich auf. Ich weiß noch nicht mal, was sie tun werden, wenn es wieder da ist. Aber jetzt gehe ich wirklich.

Alles, alles Liebe
Floortje

Lieber Marijn,
ich scheine einfach nicht aufhören zu können.
Wir sind im Krankenhaus gewesen, und es war mit einem Wort Scheiße. Einfach Scheiße. Mehr kann ich eigentlich nicht darüber sagen.
Nur, daß ich jetzt eigentlich nicht mehr daran zweifle, daß ES zurück ist. Ich fühle mich so zerschlagen und leer. Ich kann nicht mal sagen, daß ich Angst habe vor alldem, was jetzt auf mich zukommen wird. Gott weiß, was passieren wird, ich hab' wirklich keine Ahnung. Ich habe das Gefühl, daß wir zu viert auf einer kleinen Insel gestrandet sind, und daß nur ganz wenige Leute mit dem Boot zu uns hinüberrudern können oder wollen. Wir müssen jetzt abwarten, was Dr. Behrendt morgen alles sagt. Abwarten, was man tun kann, wie die Chancen stehen, und dann werde ich einen Entschluß fassen müssen.
Marijn, ich habe solche Angst davor, daß er sagt, sie könnten nichts mehr tun. Nicht, daß es logisch ist, daß er das sagen wird, aber trotzdem.
Ich werde mich jetzt doch etwas aufheitern müssen und mir etwas Ablenkung suchen, um den Kopf nicht völlig hängen zu lassen. Trotzdem habe ich es noch nicht ganz begriffen.
Auf jeden Fall ist es eine große Erleichterung, daß ich mal mein Herz ausschütten konnte.

Noch mehr alles Liebe,
Floortje

Scharfe Kanten

Froh, glücklich und beinahe sorglos gehst du einfach
durchs Leben.
Aber dann diese eine Untersuchung, und die
Unsicherheit fängt an zu nagen.

Ein Schlag ins Gesicht, ein tödlicher Schlag und dann
wieder in dieses Krankenhaus.
Du steckst den Kopf in den Sand und bildest dir ein,
so »positiv« zu denken.

Aber langsam kommen die gesammelten
Erinnerungen zurück.
Die vergessenen scharfen Kanten reißen die tiefen
Wunden wieder auf, und der Schmerz, die Wut
und der Kummer steigen hoch.

Das einzige, was übrigbleibt, ist Weinen.
Die Tränen rinnen lassen, bis das Kissen durchweicht
ist und keine salzigen Tropfen mehr übrig sind.

Dann drehst du das Kissen um und fällst mit noch
brennenden Augen in Schlaf.
Genießt die Stunden, in denen du alles für kurze Zeit
vergessen kannst, kehrst am nächsten Morgen
zurück in die harte Realität.

Du verläßt den wunderbaren Zufluchtsort, wo alles
möglich ist, und stehst auf, um dich zu waschen,
anzuziehen und danach wieder ins Krankenhaus
zu gehen.

Die Leukämie ist *wieder* zurückgekommen, und daher nicht mehr heilbar. Trotzdem haben wir mit einer Therapie angefangen, damit ich noch etwas länger lebe. Bevor ich ins Krankenhaus ging, war es sehr schön mit Geertje, aber beide Male, an denen ich jetzt abends nach Hause kam, war sie so miesepetrig.

Ich frage mich, was ich falsch mache. Ich möchte so gerne lieb zu ihr sein, vor allem, weil ich sie so selten sehe, und dann benimmt sie sich so komisch. Na ja, sie hat ihre Tage, ich hoffe, daß es deswegen ist.

Tja, Geertje ist damit immer überfällig gewesen. Der Arzt sagt, daß sie eine langsame Ovulation hätte und deshalb nur sehr selten (einmal alle drei Monate) ihre Tage bekäme. Das hat sie ganz schön beunruhigt. Ich glaube eher, daß es etwas anderes ist, aber ich wüßte nicht, was. Es ist jetzt endgültig aus mit ihrem Freund. Sie hat Schluß gemacht. Grund genug, um mies drauf zu sein. Aber man kann sich doch ein bißchen zusammenreißen. Es spielt sich wieder so wie immer ab, Geertje benimmt sich merkwürdig (woran das liegt, weiß ich auch nicht), Papa und Mama sind böse, und dann denkt Geer, daß ich zu Papa und Mama halte, und fühlt sich ausgeschlossen. Aber an allem, was ich dann zu ihr sage, meckert sie rum oder sie antwortet nur mit ja oder nein. Es ist dann sehr schwer, lieb zu bleiben.

LEUKOS: 9,4/HB: 6,3/THROMBOS: 10

Floortje

Eine laufende Nase, Tränen und ein Taschentuch

Blumenkränze, Musik und Kerzen:
ein Leben ist zu Ende.
Trauer, Schmerz und Wut,
eine laufende Nase, Tränen und ein Taschentuch.

Ein Sarg, der nach unten sackt.
Ein Gefühl von Verlust und Machtlosigkeit.
Nervöses Lachen, viele Stimmen.
Häppchen und Getränke beim Empfang.

Die leere Stelle, die zurückbleibt.
Die Familienmitglieder und Freunde,
die Sachen und Kleider,
die weggeworfen und verteilt werden sollen.

Auf der Erde hat ein Leben aufgehört.
Der Körper hat seinen Dienst versagt, aber die Seele,
   noch am Leben und wohlauf, wandert
durch einen nebligen Tunnel auf
Licht und Erlösung zu.

Für die Zurückgebliebenen geht das Leben weiter.
Ein neues Leben beginnt.
Fröhlichkeit, Freude und Glück.
Eine laufende Nase, Tränen und ein Taschentuch.

Ich sitze momentan in der Ambulanz des AMC, Mama ist gerade weggegangen, und Papa kommt mich in einer Stunde abholen. Es ist ruhig, wahrscheinlich, weil es so spät ist.

Leise und sacht fließen die Klänge von *Lady Marian* (Clannad) aus meinem Walkman. Eins meiner Lieblingslieder. So ruhig und friedlich.

Ich darf schon meine letzten Wünsche aufschreiben, was ich noch alles tun möchte in meinem Leben. Das ist ganz schön schwierig, denn erstens muß alles machbar sein, und zweitens gibt es so viele Dinge, von denen ich mir sage, tja, das wäre auch schön. Aber ich muß es schon wirklich echt wollen, was?

Ich finde es schade, daß ich jetzt keine Inspiration habe, denn eigentlich wollte ich jeden Tag ein Gedicht schreiben. Um sie dann zu sammeln (und, in meinen kühnsten Träumen, herauszugeben).

Gestern habe ich schon eins geschrieben, und vielleicht schreibe ich dann heute abend noch.

LEUKOS: 8,4/HB: 6,0/THROMBOS: 34

Floortje

Wünsche

1. Bei einem großen Theaterstück mitmachen
2. Am Strand entlanggaloppieren
3. Ein Buch oder einen Gedichtband schreiben

4. Marijn sehen
5. Auf einer Ducati SS oder Harley fahren

Hokuspokus, und wupp! (aber das funktioniert nicht)

23. Januar 1993

Ich kann's scheinbar nicht, wie? Ich nehme mir vor, jeden Tag wenigstens etwas (!) zu schreiben, und habe es gestern nicht getan. Aber da fühlte ich mich auch so elend.

Es ist alles sehr enttäuschend, und ich frage mich, ob es eine gute Entscheidung war. All diese Kleinigkeiten, durch die man sich so richtig miserabel fühlt, vergißt man nämlich. Na ja, ich zumindest ...

Heute ist noch nichts passiert, aber es ist auch erst elf Uhr. Aber gestern ist Miriam mit ihrer Mutter hier gewesen. Das war echt schön, obwohl es mir beschissen ging. Mit einem schönen Strauß Blumen, gelbe Tulpen und weiße Hyazinthen.

Gestern hat Marijn angerufen. Wir haben ganz lieb einfach ein bißchen gequatscht.

Er hat vor zwei Tagen einen Brief abgeschickt. Ich bin gespannt. Ich habe ihm auch einen Brief geschrieben, zehn von diesen kleinen Notizblockblättern, echt jede Menge. Aber toll, was?

Das Telefon hat gerade geklingelt, aber ich hatte keine Lust, dranzugehen. Ich war nämlich gerade auf dem Speicher. Vielleicht schreibe ich aber heute noch ein bißchen.

Floortje

Jahreszeiten

Eine Sonne, die verlegen hinter
den Wolken zum Vorschein kommt und
sachte ihre Strahlen scheinen läßt
auf die Knospen unter sich.

Rosa, weiße und gelbe Blumen;
zwischen denen die kleinen Kaninchen
und die zwitschernden Vögel noch etwas ungeschickt
    herumspielen.

Langsam bekommt die Sonne
Selbstvertrauen und wird allmählich stärker.
Die Kleinen werden größer,
sind aber noch so verspielt wie immer.

Mit großen, unschuldigen Augen schauen
sie umher in einer warmen, friedlichen Welt.
Freuen sich und spielen miteinander
und denken, daß es immer so bliebe.

Die Sonne, ermüdet vom Scheinen,
zieht sich zurück hinter die Wolken.
Das Grün der Blätter verliert seine
Farbe, und die Kleinen spielen mit den
heruntergefallenen Blättern.

Vorsichtig versucht die geschwächte
Sonne noch einmal durchzubrechen,
findet sich aber schließlich damit ab,
der Kälte zu weichen.

Die Welt wird mit einem weichen Weiß bedeckt.
Ab und zu eine Spur von tief eingesunkenen
      Fußabdrücken.
Reif und Eiszapfen hängen tropfend an den Bäumen.
Das Leben zieht sich vor der Kälte zurück.

Wird es für immer so bleiben?
Nein, langsam kommt die Sonne wieder
und läßt langsam ihre Strahlen scheinen
auf die Knospen, die dadurch aufs neue geweckt
      werden.

Kleines Gedicht von Bas Speelman

Hier sitze ich also
und trinke Schnaps in der Kneipe.
Ein Augenblick der Besinnung
über das Leben, das noch vor einem liegt.

Tiefe Täler, hohe Gipfel.
Unendlich viele Versuche,
mit dem Rauchen aufzuhören.

Zu Hause ist alles in Ordnung,
aber die Welt ist schlecht.
Man lernt zu leben,
aber ist das wirklich alles?

Es gibt diese Momente,
wo nichts mehr schiefgehen kann.
Man hat Freund oder Freundin
und könnte heulen vor Glück.

Drei Monate lang blind,
für die Menschen um einen herum.
Aber selbst Liebe wird zur Gewohnheit,
und man ist wieder alleine.

Zurück in der Welt,
niedergeschmettert von Trauer.
Man sucht Trost bei Freunden,
im Alkohol oder beim Gras.

Das Leben ist hart,
das ist wirklich wahr.
Sie ist doch erst fünfzehn,
und hat noch höchstens ein Jahr.

Befallen von einer Krankheit,
die nicht mehr aufzuhalten ist.
Erfahre die Täler im Leben,
und glaube trotzdem an die Gipfel.

Manchmal denkt man bei sich:
»Alles läuft so, wie ich es will.«
Aber gleichzeitig sieht man sich selbst
hilflos daneben stehen.

Ob man noch mal einen Gipfel erreicht,
ist manchmal schwer zu glauben.
Dem einen gelingt es von selbst,
der andere bittet um Hilfe von oben.

Aber das beste von allem,
daran glaube ich jedenfalls,
ist ein Freund oder eine Freundin
als Bergführer.

Freunde kommen, Freunde gehen,
ich habe Freude am Leben
mit einem Schluchzen und einer Träne.

Alles Liebe und viel Stärke
Bas

(NIE ABGESCHICKTER BRIEF)

Liebe Karin, liebe Annet,
ich konnte mich gerade vom Briefkasten losreißen, weil
der Postbote schon längst dagewesen ist, aber es ist kein
Brief für mich gekommen, na ja, jedenfalls nicht von
Marijn.
Ihr denkt jetzt bestimmt: *Meine Güte, Floor, kannst du
denn an gar nichts anderes mehr denken? Nein! Ist nur
Spaß!!* (hoffe ich).
Sonntag war es echt lustig bei uns, was, Karin? Nein,
ohne Quatsch (kurze Erklärung für Annet).
Wir wollten ein Telefonkabel nach oben verlegen, so
daß wir nicht nur zwei, sondern vier Telefone im Haus
hätten (auch eins auf dem Speicher, was für ein Luxus).
Aber leider klappte alles nicht so toll, deshalb ist der
arme Paps dauernd die Treppen hoch- und runterge-
rannt. Zum Schluß hatten wir nur noch ein funktionie-
rendes Telefon. Während Papa in allen Zimmern
gleichzeitig beschäftigt war, kamen zuerst Rob und
dann Vanessa Bakker (die mit den Löckchen). Ich habe
eine ganz süße selbstgemachte Papierblume und ein
Gedicht von ihr bekommen.
Dann gingen die beiden wieder, und wir waren alle
oben, das einzige noch funktionierende Telefon stand
allerdings unten. Sehr einfach, was? Du hast es sicher
schon erraten. Karin am Apparat! Karin kriegte einen
sehr gut gelaunten Hans ans Telefon. Also, ich bin dann
als einzige runtergegangen und Hans ist wieder nach

oben. Du kennst Karin, die quatscht immer weiter, und dann kam Caspar. Also, ich schnell aufgelegt und die Tür aufgemacht.

Geertje kam auch netterweise nach unten, und gerade, als ich mich hinsetzen wollte, kam Bas, also ich wieder an die Tür, usw. usw. Sehr chaotisch. Ich war schon kurz vor dem Durchdrehen, aber es war doch sehr schön.

Ich habe noch einen wunderschönen Glücksstein (ägyptisch, glaube ich) von Caspar bekommen. So, wir nähern uns dem Seitenende und stellen die Standardfrage. Wie sieht das Leben denn so aus? (Was für ein Blödsinn.)

Im Moment ist es ganz okay bei mir, ich sitze in Ruhe auf dem Sofa mit meinen (endlich wieder sonnigen) Gedanken. Am Wochenende ging es mir ziemlich beschissen. Ich dachte echt, daß mein Körper zusammenbrechen würde oder so. Aber jetzt geht's schon wieder. Ich habe übrigens so schlecht geschlafen wegen dem Sturm, das ist doch einfach nicht normal.

Wenn alles gutgeht, gehen wir zu einem Fotografen und lassen Fotos von Geertje und mir machen. Solche Schwarzweißfotos, gut, was? Das finde ich wirklich toll! Ach ja, ab morgen werde ich künstlich ernährt, ich kriege einen Schlauch in die Nase, weil ich so wenig (fast nichts) esse und so wenig Energie habe. Erschreckt Euch also nicht, wenn Ihr mich das nächste Mal seht. Die letzten Male habe ich das nie gehabt. Ich wollte es nicht, denn die Kinder, die man damit sieht, sehen so bemitleidenswert aus. Aber jetzt ist es einfach besser. Ich bin jetzt nämlich unter meinem Minimumgewicht. Tja, es ist wieder Zeit für meine Tabletten. Würg!!

Also liebe Leute, das Ende dieser Seite rückt auch näher, laßt bald wieder was von Euch hören ... dann tue ich es auch.

Viele liebe Grüße,
Floortje

31. Januar 1993

Dir fehlen eine Menge Informationen aus der letzten Zeit. Aber ich habe keine Lust dazu, diese ganze Zeit aufzuschreiben, ich habe nämlich eine ganze Menge zu erzählen. *Marijn hat angerufen!!* Er ist der Bruder von Miriam (einer Freundin von Geer), und wir haben uns nett gefunden, sind aber nicht miteinander gegangen. Das Problem ist nämlich, daß er in Rom wohnt.
Ich glaube, daß er jetzt ungefähr neunzehn Jahre alt ist. Ich fand ihn sehr süß und kann noch immer nicht glauben, daß er mich auch nett fand (findet).
Das ist auch so ein Problem. Wenn man krank ist, kann man schlecht eine Beziehung mit jemandem anfangen. Marijn weiß, daß ich wieder krank bin. Wir haben am Freitag ganz lange telefoniert, echt Wahnsinn. Er schreibt mir einen Brief und kommt im April in die Niederlande. Ich habe ein Gedicht über ihn geschrieben, das er lesen will, und er möchte ein Foto von mir haben. Jetzt muß ich ein hübsches Foto suchen, ich habe auch ein Bild von ihm.
Ich muß natürlich aufpassen, daß ich ihn nicht idealisiere. Aber er ist sehr lieb, ja wirklich, er will eine

Kassette für mich aufnehmen mit seiner Stimme drauf. Darüber freue ich mich so.

Aber die Post- und Telefonverbindungen nach Italien sind sehr schlecht. Er hatte vorher schon mal angerufen (sogar zweimal), und da mußten wir dreimal zurückrufen, weil die Leitung immer wieder unterbrochen wurde.

Sein erster Brief ist nicht angekommen, aber mein Brief an ihn schon. Gott sei Dank! Es sah schon so aus, als sollten wir gar keine Verbindung mehr zueinander haben. Trotzdem weiß ich nicht, wie es nun genau mit *uns* aussieht. Aber ich glaube, daß er (oder irgend jemand sonst) das auch nicht weiß. Das Blöde ist, daß er an Silvester mit Marleen gegangen ist. Er hat mir gesagt, daß es ein Fehler war, und ich habe aus *vertraulichen Quellen* gehört, daß er mich süß fand, aber mir nicht weh tun wollte, weil er wieder nach Italien zurück mußte und so. Durch das »und so« wird es wieder so unklar, oder? Na ja. Ich erhoffe mir nichts, dann kann es nur besser kommen.

Gestern sind Annet und Esther vorbeigekommen, echt nett! Später kamen noch Christa, Liselore und Radboud und noch mal Annet, das war auch sehr nett. Die arme Annet hat einen Hockeyschläger auf den Kopf gekriegt und hatte deshalb einen ganz dicken Druckverband um den Kopf.

Heute ist Floris vorbeigekommen. Das war wirklich schön. Ich war erst nervös, oje, gleich kommt er alleine, was soll ich dann bloß sagen? Aber es war sehr nett. Am Freitag sind Nicolet und Vanessa noch bei mir gewesen, das war auch prima.

Ich hoffe, daß Miriam bald wieder kommt, aber ich traue mich nicht, Geertje deswegen zu fragen, und ich habe auch Hemmungen, anzurufen. Obwohl ich ja eine Entschuldigung habe. Marijn hatte eine Kassette, um die sollte ich Miriam bitten, und Miriam sagt immer, daß ich einfach anrufen sollte, wenn irgendwas wäre. Aber ich weiß nicht so recht!

Ich habe zwei ganz liebe Karten von Caspars Eltern bekommen. Also, eine war für Papa und Mam und eine für mich.

Meine Haare habe ich noch, auch wenn sie etwas stumpf und flusig werden. Dick bin ich auch noch nicht.

LEUKOS: 1,9/HB: 4,8/THROMBOS: < 10

Alles, alles Liebe
Floortje

Freitag, 5. Februar 1993

Es ist schon wieder Freitag, die Zeit fliegt vorbei.

Heute war ein komischer Tag. Ich habe letzte Nacht kaum geschlafen, habe bis um vier Uhr wach gelegen. Ich habe zwar ruhig dagelegen, weißt du, aber nicht wirklich geschlafen, wegen der Gedanken, die mir die ganze Zeit im Kopf herumschwirrten.

Ich habe eine Kassette von Miriam überspielt mit ganz merkwürdiger Musik. Marijn hat sie in einem von Autonomen besetzten Haus gekriegt oder so. Ein bißchen New Age, Clannad-artig, nur alles ein bißchen unheimlicher. So richtig mit Dämonen, die sind auch auf der Hülle drauf und die Kassette heißt »Welcome to the World of Horror«!

Ich habe sie mir im Dunkeln angehört, die Augen zugemacht und echt gedacht, hui, jetzt geht's ab in die Unterwelt. Ich habe wunderschöne Bilder gesehen, ich muß eingeschlafen sein, denn danach habe ich sehr eigenartig geträumt. Aber jetzt gelingt es mir nicht mehr, diese Bilder wieder hervorzurufen. Das ist schade, denn es war sehr inspirierend.

Das Schreiben fällt mir schwer in den letzten Tagen. Eine Sünde, aber es geht auch alles so schnell. Die Zeit fliegt vorbei. Ich habe bis ungefähr Viertel vor Zwölf unten auf dem Sofa gesessen und bin dann raufgegangen und habe richtig schön gebastelt. Es hat alles ziemlich gut geklappt, dadurch ging es mir richtig gut.

Mama kam vom Einkaufen nach Hause, und dann kamen Karin und Lieve. Wir haben zu Mittag gegessen und uns nett unterhalten. Dann ging Lieve, und ich hatte echt Lust, mal mit Karin zu reden, aber nein, Christa, Friso und Nicolet kamen gerade, als Lieve ging. Wirklich lieb, daß sie vorbeigekommen sind, aber eigentlich hatte ich gar keine Lust dazu. Na ja, Karin fand es auch nicht so toll und ist dann gegangen. Friso mußte auch ziemlich schnell weg. Die Mädchen von D5 trainieren oder betreuen. Aber Christa und Nicolet sind geblieben.

Dann kamen Miriam, Geertje, Jeroen und Bloeme. Ich war ganz erleichtert und dachte, okay, Nicolet und Christa werden dann sicher gehen. Also, Christa ist ziemlich bald gegangen, aber Nicolet ist noch mindestens eine Viertelstunde geblieben. Man könnte sagen, na, na, das ist aber lang! Aber so gut kenne ich Nicolet nicht, und Nicolet kennt Miriam und die anderen überhaupt nicht. Aber na ja, ich kann froh sein, daß sie kommen. Anyway, ich habe eine wirklich schöne künstliche Rose von Miriam bekommen. Echt lieb.

Ich habe einen Brief von Marijn gekriegt, und jetzt weiß ich gar nichts mehr. Ich weiß nicht, wie ich reagieren soll. Er will mein Gedicht lesen, das ich über ihn geschrieben habe, aber darin habe ich meine Gefühle so stark beschrieben, daß ich nicht weiß, was er darüber denken würde.

Er hat geschrieben: »Was ich Dir erzählt habe, darüber, was ich für Dich empfinde, das verstehe bitte nicht falsch, denn das kam einfach daher, daß ich gerade mit, sagen wir, meiner ersten großen Liebe Schluß gemacht hatte (sie war schuld) und nicht weil Du klug, häßlich oder vielleicht schön, jung oder alt warst, im Gegenteil.« Was soll denn das bloß heißen? Ich weiß es wirklich nicht. Aber noch mal über dieses Gespräch. Er fragte mich dann direkt: »Ja, ich weiß nicht, was hast du denn von mir erwartet?« Das hat mich so überrumpelt, daß ich nur gesagt habe: »Also, ich habe eigentlich nichts Bestimmtes erwartet.« Mehr nicht.

Ich hätte viel mehr sagen sollen, aber ich konnte einfach nicht, weißt du, ich ging damals zu ihm mit dem Gedanken, wenn was passiert, bin ich im siebten Himmel, und wenn nicht, ist es einfach okay. Ich möchte schon, daß er das weiß, aber wenn ich es schreibe oder sage, gebe ich so viel von mir selbst preis, und davor habe ich Angst. Wenn man so etwas sagt, wird entweder alles richtig gut, oder man fällt ganz hart auf die Nase, und das möchte ich vermeiden.

Ich schweife ab. Ich wollte eigentlich kurz mit Miriam darüber sprechen, und sie fragte mich auch, ob ich noch etwas von Marijn gehört hätte, aber ich kann so schlecht reden, wenn Leute dabei sind. Das war schon etwas enttäuschend. Aber ich habe Geertje gebeten, Miriam zu sagen, daß sie mich bitte mal anrufen soll. In der Zwischenzeit habe ich mich nicht wohl in meiner Haut gefühlt.

Bin wieder nach oben gegangen, um zu basteln. Mama bat mich, eben das Gedicht über Maikel abzuschreiben, damit sie es im Brief an seine Eltern mitschicken könnte. Ich war einverstanden, aber es fing schon an, ein bißchen dunkel zu werden, und meine Schreibtischlampe ist kaputt. Ich habe also auf einem Blatt Papier mit meinem kaputten Kalligraphie-Federhalter gekämpft. Es ist mir gigantisch mißlungen, und die Linien konnte man auch nicht richtig erkennen. Deswegen war ich schon ein bißchen gereizt. Es wurde immer chaotischer auf meinem Schreibtisch, ständig fiel irgendwas runter. Dann habe ich versucht, ein bißchen weiter zu basteln, aber das ist auch total schiefgegangen, habe wieder jede Menge ruiniert, und dann fand ich auch noch die Todesanzeige von Maikel aus *De Telegraaf.*

Ich habe für Taco (den Hockeytrainer) eine Karte gemacht, weil seine Mutter gestorben ist, dabei konnte ich richtig weinen, danach haben wir gegessen, Fondue. Geertje hat ganz lieb meine Hand gehalten und sie gedrückt, so lieb, da ging es mir schon wieder besser. Nach dem Essen rief Annet an (die gerade nach sieben Monaten mit ihrem Freund Schluß gemacht hatte), wir haben total super miteinander gequatscht und konnten auch mal über Marijn reden, und mir ging es wieder gut. Erick Kloos kam und brachte einen leckeren Apfelkuchen mit, und wir haben ganz gemütlich am Tisch gesessen und Kaffee getrunken, es ist wirklich schön, wenn man sieht, wie sich jemand richtig zu Hause fühlt bei uns. Er hat es wirklich genossen, bei uns zu sein, fand ich. In der letzten Zeit hören wir öfter, daß wir so ein gemütliches, warmes Zuhause haben. Das finde ich richtig toll.

Als Erick gegangen war, saßen wir noch eine Viertelstunde zu dritt auf dem Sofa (Geer ist dieses Wochenende bei Esther) – wir schauten uns gerade *Codename Mandarin* an –, als Peter und Marlies kamen.

Das war auch schön; kurz danach bin ich ins Bett gegangen. Zuerst habe ich noch meinen Schreibtisch und mein Zimmer aufgeräumt. Ich habe einen ziemlichen Müllhaufen daraus gemacht. Habe noch ein paar gute Zeichnungen gefunden, die ich noch fertig machen kann. Das hat mir auch ein gutes Gefühl gegeben.

Wir hatten nur so ein Theater mit der künstlichen Ernährung. Die Pumpe hat dauernd gepiept, wahrscheinlich waren die Flaschen nicht richtig geschüttelt worden. Na ja, schließlich klappte es, und jetzt komme ich auf den Punkt, denn dann habe ich angefangen, in dir zu schreiben.

O ja, Jessica hat noch angerufen, und ich habe das Poster vom großen Fest bekommen, wo auf der Rückseite alles mögliche draufsteht. Lieve hat es mitgebracht, also, jetzt schreibe ich doch noch eine Seite, jetzt ist es auch egal.

Geertje hat gestern gesagt: »O Floor, sie haben so ein schönes Geschenk für dich.« Aber ... wer? Was für ein Geschenk? »Tja, das sag' ich nicht.« – »Wann bekommt sie es denn?« fragte Hennie. »Nächste Woche Freitag oder so.«

Oje, ich bin so gespannt, aber ich habe eine ganz winzige Ahnung. Aber das kann eigentlich nicht sein. Ich würde mich zu Tode schämen. Ich hätte nämlich schrecklich gerne eine von diesen Kapitänsjacken. Ich hätte erst beinahe die von Vanessa kaufen können, aber dann hätte sie keine Winterjacke mehr gehabt.

Vanessa hat auf das Poster geschrieben: »Ich fahre heute nach Amsterdam, aber ich sag' dir nicht, was ich da mache.«

Ich habe eine Bemerkung darüber gemacht, und Lieve sagte: »Ja, ja, du wirst schon sehen.« Und heute abend haben wir zufällig über Vanessa gesprochen, und Hans machte eine Bemerkung über die Jacke, und meiner Meinung nach versuchte Geer dann, Mamas Blicke auf sich zu ziehen.

Aber es kann natürlich auch was anderes sein. Ich habe solche Angst, zuviel zu erwarten. Spannung!!

So, jetzt gehe ich wirklich schlafen, denn sonst schreibe ich dich in einem Rutsch ganz voll. Ich schreibe nur das Gedicht noch auf

LEUKOS: 0,7/HB: 6,8/THROMBOS: < 10

Alles, alles Liebe
Floortje

Blutendes Herz

Durch dichten Nebel
sehe ich in der Ferne eine Gestalt.
Langsam wird der Nebel etwas dünner
und die Gestalt wird deutlicher.

Ich sehe eine lange, schwarze Jacke,
blaue Augen, schwarze Locken,
eine Sicherheitsnadel im Ohr
und eine kleine Tätowierung am Handgelenk.

Die Gestalt blickt auf, erkennt mich und lacht.
Ein glückliches Gefühl voller Verlangen
wallt in mir auf
Ich will zu ihm.

Ich fange an zu laufen, aber ich komme nicht voran.
Vergebens versuche ich es noch einmal.
Verzweifelt beginne ich zu rennen,
bis ich stolpere und erschöpft liegen bleibe.

Ich richte mich auf und schaue mich um.
Ich sehe ihn wieder dort stehen,
immer noch unbeweglich,
immer noch an derselben Stelle.

Ich schaue nach oben und sehe Vögel.
Sie fliegen besitzergreifend um ihn herum.
Abwechselnd lassen sie sich
auf einer seiner Schultern nieder.

Es scheint ihn zu amüsieren,
bis er genug davon hat.
Dann wischt er sie von seiner Schulter
und der nächste kommt geflogen.

Ich beobachte das alles.
Ein trauriges Gefühl überwältigt mich.
Mit blutendem Herzen hoffe ich,
daß ich auch einmal abheben werde
    und mich bei ihm niederlasse.

Du bist doch sicherlich auch meiner Meinung, daß man diese Art Gedicht nicht einfach so jemandem schickt. Allerdings hat er geschrieben: »Du mußt wissen, daß Du und Deine Schwester mir mehr bedeuten, als ich dachte.« Also stellt er mich auf eine Stufe mit Geertje. Ich weiß auch nicht, was er über Geertje denkt.
Ich glaube aber, daß sie miteinander gegangen wären, wenn Geertje an Silvester nichts mit ihrem Freund gehabt hätte, aber so ganz sicher bin ich mir da auch nicht. Mensch, Miriam muß einfach anrufen.

Alles, alles Liebe
Floortje

6. Februar 1993

Oje, oje, was für ein Tag.
Das war echt ein komischer Tag heute. Bin heute nacht erst um Viertel nach fünf eingeschlafen. Habe dann aber ausgeschlafen bis mindestens zehn Uhr. Als Mama und ich anfingen zu frühstücken, kam Papa vom Hok-key nach Hause; Geertje ist bei Esther.
Ich habe mir diese Kassette von Miriam aufgenommen und eine Hülle zusammengebastelt. Ist wirklich sehr schön geworden, schwarz-weiß. Allerdings macht einen diese Musik nicht gerade fröhlich, und ich wurde ein bißchen arg depressiv.
Habe auch noch versucht, Marijn einen Brief zu schrei-

ben, es ist mir aber nicht gelungen. Ich weiß nicht, was ich von der ganzen Sache halten soll. Aber das habe ich ja gestern ausführlich erzählt.

Ich bin jetzt müde und hoffe, gleich richtig einzuschlafen.

Dann hat Niels angerufen, ob er kurz vorbeikommen könnte, ob ich damit einverstanden wäre. Aber klar!

Es war richtig gemütlich, wir haben unten gesessen mit Hennie und Hans und uns super unterhalten. Ich glaube, Niels hat es gefallen. Mir auf jeden Fall.

Dann kam Geertje kurz nach Hause, echt nett. Pap und Mam sind ins Dorf gegangen, und kurz danach sind Geertje und Niels gleichzeitig gegangen.

Da war es schon fast vier Uhr, und Annet hatte gesagt, daß sie nachmittags vorbeikommen würde. Also habe ich sie angerufen, aber sie war mit ihrer Mutter ins Dorf gegangen und das fand ich nicht so gut.

Ich bin auf mein Zimmer gegangen. Habe die Kassette von Accaba (oder so ähnlich) eingelegt und versucht, an Marijn zu schreiben, aber es ging wieder nicht, und ich hätte heulen können.

Papa und Mama kamen wieder nach Hause, und Mama fragte, ob ich runterkäme wegen meiner Pillen. Ich sagte ja, bin aber noch oben geblieben und habe kurz ein bißchen geweint. Ohne einen besonderen Grund.

Dann kamen Radboud und Christa, eigentlich hatte ich gar keine Lust, ich heulte ja gerade, aber es war dann trotzdem schön.

Annet kam und ist zum Essen hiergeblieben. Darüber habe ich mich wirklich gefreut. Wir fahren vielleicht zu dritt (mit Karin) im Sommer in Urlaub. Das wird bestimmt super!

Ich habe mich toll mit ihr unterhalten, endlich konnte ich alles loswerden. Aber sie konnte mir auch nicht sagen, was ich tun sollte. Also habe ich heute abend Miriam angerufen und ihr gesagt, daß ich alles so unklar finde. Sie war wirklich lieb. Sie sagte so ungefähr: »Ja, aber er mochte dich wirklich, und ich rufe ihn morgen abend an (denn heute abend ist er sowieso nicht zu Hause) und dann horche ich ihn mal ein bißchen aus. Dann rufe ich dich danach an oder ich komme am Montag kurz vorbei. Aber weißt du, Liebes, du brauchst mich einfach nur anzurufen«, und so weiter. Uff, das brauchte ich mal.

Ich habe eine Schreibmappe von Mama bekommen, sehr praktisch. Genau so eine, wie ich sie mir gewünscht hatte. Sogar noch schöner, als ich sie mir vorgestellt hatte. Lieb, was?

Am liebsten würde ich jetzt noch was reinschreiben, aber ich muß schlafen, sonst bin ich gleich über den Einschlafpunkt hinweg.

So ist ein Tag, der anfangs traurig aussah, doch noch gut zu Ende gegangen.

Alles, alles Liebe
Floortje P.

6. Februar 1993

Gestern habe ich einen Brief von Berbel bekommen. Ich hatte ihr auch einen ganz langen geschickt. Es ist so ein toller Brief, und er gibt mir wirklich das Gefühl, daß sie mich versteht. Sie ist in dieser Beziehung echt die erste.

Aber wir sind so verschieden. Wir sind so unterschiedlich. Man merkt auch an ihrem Brief, daß sie älter geworden ist.

Aber weißt du, bei mir sind zwei Seiten ganz stark ausgeprägt. Auf der einen Seite bin ich tatsächlich so etwas wie ein Berbel-Typ, zelten im Wald, ein Häuschen in Friesland. Alles lieb und ordentlich.

Aber auf der anderen Seite (und die ist im Moment für mich viel wichtiger) bin ich ein extrovertierter Mensch. Ab in die Kneipe, was trinken mit Freunden, schwärmen über Sex (nicht nur Liebe, sondern auch richtig Sex), zusammen rauchen und trinken, einfach, weil es Spaß macht. Für einen Abend mit jemandem zusammensein, sagen zu können: »Wow, toller Typ, den schnapp' ich mir!«

Na ja, du weißt schon, was ich meine. So bin ich nun mal, und solche Dinge kann ich (glaube ich zumindest) nicht mit Berbel teilen.

Das ist so schade, denn man kann sich so schön mit ihr schreiben.

Manchmal frage ich mich, ob Berbel auch so eine andere Seite hat, die sie mir nie zeigt, und ob sie dasselbe über mich denkt.

Ich glaube, daß ich ihr auf jeden Fall antworten werde, aber sie hat geschrieben, daß sie viel darüber nachdenkt, was wir früher zusammen gemacht haben und was wir jetzt noch tun könnten, und das wäre ganz schön viel. Nach Friesland fahren oder so.

Aber weißt du, ich bin mir nicht sicher, ob ich da

wirklich Lust zu habe. An und für sich mag ich es sehr gerne, in Friesland am Treidelkanal in der Sonne zu liegen, den Walkman auf und Musik zu hören oder zu schreiben. Aber in solchen Momenten denke ich dann: Wahnsinn, ich müßte jetzt mit meinem Freund hier liegen, weißt du. Ich komme mir dann immer so mies vor. So ein Teufelchen, ein kleiner, böser Geist, schubst einen in die verkehrte Richtung.

Noch so ein Beispiel ist die Musik. Berbel mag Klassik, Liebeslieder, na ja, melodiöse Musik. ABBA, die Carpenters. Finde ich auch gut. New Age. Super! Aber für mich muß es auch mal Melissa Etheridge sein, Janis Joplin, De Dijk, Guns 'n Roses, Extreme oder die Red Hot Chili Peppers. Also, ich kann mir nicht vorstellen, daß Berbel sich das länger als zehn Minuten lang anhören würde. Danach würde sie schreiend davonlaufen.

So, das ist also die Situation, aber ich weiß immer noch nicht, was ich tun soll. Mann, ist das schwierig.

Alles, alles Liebe
Floortje

Weinend sitze ich jetzt hinter meinem Schreibtisch.
Tränen schießen mir in die Augen
und laufen über meine Wangen.

Durch einen dünnen Schleier sehe ich meine eigenen
   Worte auf diesem Papier erscheinen.

Ein Weinkrampf ohne bestimmten Grund.
Ein tief verborgenes, trauriges Gefühl
hat von mir Besitz ergriffen.

Inspiriert von der Musik von Accaba verläßt mein
   Geist die Realität.

Meine Sicht wird durch Nebel gehindert.
Ich fühle mich klein und nichtig, während ich
durch dicke, weiße Wolken laufe.

Mann, was für ein echter Scheißtag.

Endlich hatte ich mal wieder ein bißchen vernünftig geschlafen bis um Viertel vor fünf, aber dann habe ich wieder selbst an der Pumpe rumgemurkst. War echt Klasse von mir, aber ich war doch heute so fürchterlich müde. Und alle Muskeln tun mir so weh, eigentlich mache ich mir deswegen ziemliche Sorgen.

Aber na ja, Oma, Cor und Elles sind vorbeigekommen. Da war ich schon müde; sie kamen ungefähr um zwölf, glaube ich.

Floris wollte um zwei Uhr kommen, hat aber abgesagt, weil er krank war; Oma war total nervös, und Cor und Pap sind ein bißchen weggefahren.

Lissa hat um halb zwei angerufen. »Bist du damit einverstanden, wenn ich kurz vorbeikomme?« Sie wollte ungefähr um halb drei bei mir sein. Um Viertel nach zwei war ich so müde, daß ich mich kurz hingelegt habe. Ich lag gerade, da kam Lissa.

Als wir nach oben gingen, knickten mir sogar die Beine weg, so müde und schwach war ich. Sie hatte das Video von den Doors mitgebracht, das haben wir uns angeguckt, nachdem Elles, Oma und Cor gegangen sind. Das war um Viertel nach vier.

Ich bin beinahe zusammengeklappt.

Wir mußten eigentlich weg, bei Peter und Marlies essen. Als wir also weggehen wollten, ist Lissa auch gegangen. Ich war so müde, daß ich bloß noch anfing zu heulen. Ich kann wirklich nicht mehr.

Papa hat sich kurz aufgeregt, sich dann aber ziemlich

schnell entschuldigt. Papa und Mama sind dann schon mal gegangen, und ich habe mich eine Stunde hingelegt. Papa hat mich danach abgeholt.

Wir haben ganz toll indonesisch gegessen. Nach dem Essen hat Papa mich ziemlich bald wieder nach Hause gebracht. Jetzt bin ich wirklich total erledigt.

Miriam hat noch angerufen. Sie konnte Marijn bis jetzt nicht erreichen. Sie hat immer nur den Anrufbeantworter dran gehabt. Aber sie ruft heute abend noch mal an und sonst morgen, und dann höre ich auf jeden Fall am Dienstag von ihr. Lieb, was?

So, ich bin jetzt echt kaputt. Gute Nacht.

Alles, alles Liebe
Floortje

Als Papa und Mama weggefahren sind, habe ich kurz ganz laut und sehr hysterisch geweint. Was für eine Erleichterung! Aber mir geht's immer noch beschissen.

Floortje

8. Februar 1993

Es ist schon sehr spät, darum schreibe ich nicht viel. Heute nacht habe ich ziemlich gut geschlafen. Nur meine Muskeln tun echt unheimlich weh. Hatte auch Kopfschmerzen heute. Wir sind im Krankenhaus gewesen.

DIE SONDE IST RAUS!!!

Wunderbar, auch wenn ich noch manchmal den Eindruck (das Gefühl) habe, sie wäre noch drin. Ansonsten sah das Blut noch nicht viel besser aus.

LEUKOS: 7/HB: 4,8/THROMBOS: <10

Ich habe noch nicht mal Blut bekommen, obwohl ich so müde bin. Es scheint aber besser so zu sein. Sie wollen, daß ich selbst anfange, es zu produzieren, aber das dauert wohl länger als erwartet.

Wir haben Piet Groenteman noch gesehen. Bei ihm ist es auch wiedergekommen, und Kees-Jan Pels hat es wahrscheinlich wieder in der Lunge. Schrecklich, was? Es sieht so aus, als ob niemand mehr gesund würde, und ich fange an, ein bißchen das Vertrauen zu verlieren.

Im Krankenhaus haben wir uns sehr nett mit zwei Frauen unterhalten. Wir sind kurz Kaffee trinken gegangen, und da fiel mir schon eine Mutter mit ihrer Tochter auf. Sie waren sehr eigenartig. Die Mutter setzte sich zu uns an den Tisch, das Mädchen mußte Blut abgenommen bekommen.

Mama und ich haben uns über das Kleid für das große Fest unterhalten, und ich sprach von langen, schwarzen Handschuhen. Die Frau hörte interessiert unserer Unterhaltung zu und nannte uns dann einen Secondhand-Laden im Jordaan-Viertel, wo man sie kaufen kann. Echt witzig. Sie selbst wohnt in Bijlmer und hat ein Secondhand-Geschäft für Asylanten. Ulkig, daß man auf diese Weise mit wildfremden Leuten ins Gespräch kommt.

Na ja. Habe Vincristin bekommen, und wir sind wieder nach Hause gefahren. O Mann, ich war so müde. Auch wegen der Muskelschmerzen. Ich habe geweint, weil ich kein Blut bekommen habe.

Nachmittags kam Annet noch vorbei, aber ich war sehr müde und wir haben nur Tee getrunken und Fernsehen geguckt. Ich rufe sie noch mal an.

Ach ja, Miriam hat nicht mehr angerufen. Ich hoffe, daß sie morgen anruft oder vorbeikommt. Aber sie wird mir doch nie die Nachricht bringen, die ich am liebsten hören würde. Es wird immer alles vage bleiben.

Morgen gehen wir zum Fotografen. Um zehn Uhr in Amsterdam, super, was? Ich freue mich echt total darauf. Aber jetzt bin ich kaputt, und meine Muskeln bringen mich um.

Karin hat noch angerufen, das war schön. Und ich habe Geertjes Rücken gekrabbelt, das war auch schön.

Ich halte jetzt meinen Schönheitsschlaf

Viele liebe Grüße
Floortje

9. Februar 1993

Habe heute nacht ziemlich gut geschlafen.

Wir sind heute beim Fotografen gewesen. War echt super! Ich hatte natürlich den verkehrten Pullover an. Sehr ärgerlich, aber ich habe mir Geertjes Pullover geliehen. Der Fotograf heißt Philip Mechanicus, es war wirklich toll. Ich hoffe, daß die Bilder schön geworden sind. Mama hatte Kopfschmerzen, und Geertje hat heute auch so ziemlich den ganzen Tag nur geschlafen, ich war auch sehr müde und habe deshalb auch geschlafen.

Bin auch bei Kees Boegem gewesen, das war schön. Allerdings ... während wir weg waren (bei Kees) hat Marijn angerufen. Schrecklich, was, daß ich nicht da war.

Geertje hat noch gefragt, ob ich zurückrufen sollte, aber ich würde ihn doch nicht erreichen, sagte sie.

Das heißt ... Miriam hat noch nicht angerufen. Ich glaube, daß sie ihn noch nicht gesprochen hat. Geertje hat gesagt, daß er bei uns öfter anriefe als bei sich zu Hause, deshalb traue ich mich nicht, sie zu fragen, ob sie ihn schon gesprochen hat, denn sonst sieht es auch so aus, als ob ich mich nur wegen Marijn für Miriam interessiere. Aber Geertje traue ich mich überhaupt nicht zu fragen, was ich tun soll. Ich glaube, ich sollte einfach einen Brief schreiben, so richtig fröhlich, und dann nebenbei durchblicken lassen, was ich für ihn empfinde. Aber wie? Außerdem weiß ich gar nicht genau, was ich für ihn empfinde. Das kommt durch die ganzen Hormone, die ich kriege. Da kann man sich einfach nicht richtig verliebt fühlen. Und er ist auch so weit weg.

Annet (die ich angerufen hatte) hat gemeint: »Warum rufst du ihn nicht morgen oder am Freitag an?« Ich weiß es nicht, echt nicht. Ich werde heute abend versuchen, einen Brief zu schreiben, dann warte ich, ob Miriam morgen noch anruft, oder ich versuche doch mal, Geertje auszuhorchen, und dann werfe ich den Brief vielleicht in den Briefkasten. Das Gedicht schicke ich ihm noch nicht.

Viele liebe Grüße
Floortje

P.S.: Lieve hat noch angerufen, das war schön.
Ich bin todmüde.

Na, das war ein langer Tag heute. Habe viel zu erzählen, Gutes und Schlechtes. Ich fange mal am Anfang an.

Heute morgen bin ich in Ruhe aufgestanden und habe versucht, den Brief an Marijn zu schreiben, er ist auch fertig, aber ich weiß nicht, ob ich ihn abschicken kann. Ich traue mich nicht, Miriam deswegen anzurufen und auch nicht, Geer zu fragen. Na ja.

Dann kam Mama rauf. Die Mutter von Suzanne Demers hat angerufen, Suzanne ist heute morgen gestorben. Ich habe nicht geweint, und ich glaube, ich kann es auch noch nicht. Sie ist ganz ruhig, so, wie sie es wollte, gestorben. Wenn es geht, wollen wir zum Begräbnis gehen. Wir haben auch einen sehr schönen Brief von Maikels Eltern bekommen, denen wir geschrieben hatten. Echt total schön. So ein Zufall, alles am selben Tag.

Mama und ich haben was gegessen und sind ins Dorf gegangen. Schön, was? Wir haben Stoff für das Kleid für das große Fest gekauft. Satin für das Kleid und Samt für den Kragen, in Schwarz.

Und wir haben, was Geertje nicht gepaßt hat, lange schwarze Handschuhe ausgeliehen. Das hatte sie nämlich auch vor, und sie will eine Boa haben, aber die kann sie da auch leihen, und ich finde es in Ordnung so. Geertje fährt außerdem noch in die Skifreizeit (wo sie einen Pullover bekommt), sie hat Skischuhe gekriegt und sie bekommt einen Bettbezug. Also ...

Ich habe mir zwei Paar Aerobicsocken gekauft, in Schwarz und Ecru (das schnell weiß werden wird, aber egal).

Ich wollte auch eine ganz liebe Karte für Marijn kaufen, die ich gesehen hatte, allerdings war schon vor einer ganzen Weile. Ein Mäuschen mit einem Baseballschläger hinter dem Rücken und »I'll be waiting for you«. So eine »VIS«-Karte, auf jeden Fall echt niedlich, aber sie war nicht mehr da. Wohl noch eine mit einem Bärchen oben auf einer Treppe, auch mit »I'll be waiting for you«, aber dieses Bärchen sah so traurig aus.

Anyway, wir haben noch Kaffee getrunken und sind dann nach Hause gegangen. Dann habe ich den Anfang von einem Gedicht geschrieben, das ich heute abend fertig geschrieben habe.

Geertje kam nach Hause. Wir haben ihr den Brief gezeigt und ihr von Suzanne erzählt, dann nach ihrem Hörverständnistest in Deutsch gefragt und wie es beim Physiotherapeuten gewesen war. Nach Meinung des Physiotherapeuten sollte sie doch mal zum Arzt gehen mit ihrem Schienbein, um festzustellen, ob sich unter der Haut auch keine Entzündung gebildet hätte.

Der Hörverständnistest hatte aus drei Teilen bestanden, 1 und 3 hatten gut geklappt, Teil 2 weniger, aber da ging es auch wieder mal um Röntgenapparate, Bestrahlung und einen kleinen Jungen, der an Leukämie starb. Blöd, was? Daß die so was nicht vorher sagen können. Na ja, überhaupt, diese Art von Themen, Kindesmißhandlung, Vergewaltigung, Selbstmord und so weiter, die können einen doch ganz schön stark belasten. Aber egal. Geer war sehr aggressiv, vor allen Dingen als ich ihr erzählte, daß wir im Dorf gewesen waren. Ich weiß es nicht mehr so genau. Als sie sah, daß ich mir Socken gekauft hatte, fragte sie sofort, ob wir ihr auch etwas mitgebracht hätten. Manchmal kann sie so, na ja, ich weiß nicht, eifersüchtig reagieren. Obwohl sie genug bekommt, auch genügend Aufmerksamkeit, aber sie reagiert anscheinend immer alles an mir ab.

Heute abend beim Abendessen haben wir uns über ihre Verpflichtungen unterhalten, sie fand, daß sie zu viele hätte, aber ich glaube eher, daß sie die Dinge meinte, für die sie verantwortlich ist. In solchen Momenten, wo Geertje so deutlich um Aufmerksamkeit bittet oder jedenfalls gerade Schwierigkeiten hat, fühle ich mich so schuldig.

Als ob alles wegen mir wäre, so läßt sie mich das dann fühlen. So ungefähr, ja, Floortje hat's schwer, aber ich bin doch auch noch da! Obwohl sie ganz genau weiß, daß das niemand vergißt. Aber egal, nach diesem Gespräch beim Abendessen ging es ihr, glaube ich, wieder etwas besser.

Es stand noch etwas total Blödes in der Hockeyzeitung, wegen dem Schiedsrichterkurs. Diejenigen, die durchgefallen waren, mußten die Prüfung wiederholen. Denjenigen, die bestanden hatten, wurde gratuliert. Über die, die durchgefallen waren, stand ein kleiner Artikel drin, wie traurig es doch wäre, daß eine Menge Leute nicht erschienen wären und daß ein kurzer Anruf ja wohl das mindeste wäre. Mein Name stand auch dabei. Lächerlich. Ich hätte nicht mal gewußt, wen ich hätte anrufen sollen. Aber schon, daß mein Name dabei stand! Dieses blöde Weib, das jedesmal beim Kurs dabei war, hatte diesen Artikel geschrieben. O Mann, und ich haßte sie sowieso schon.

Frau W. hat heute abend sofort angerufen, um sich zu entschuldigen. Das finde ich allerdings sehr nett.

Ich hoffe, am Freitag kurz in die Schule oder ins Peuk gehen zu können, denn in den nächsten zwei Wochen müssen wir jeden Tag ins Krankenhaus.

Das hatte ich nicht gewußt, und es war eine ziemliche Enttäuschung, aber es stand ganz normal auf dem Plan, es war also unser eigener Fehler, daß wir es nicht gewußt hatten.

Das große Fest ist am 2., 3. und 4. März, und ich bin am 29. Februar (nein, diesen Tag gibt's gar nicht), am 1. März den letzten Tag im Krankenhaus. Ich hoffe wirklich, daß ich es schaffe.

Alles, alles Liebe
Floortje

Kämpfend untergehen

ein unbeschwertes Leben
sehr glücklich und froh
das ist doch ganz normal
für dich und für mich

ein Feind, ein Verräter
ist plötzlich da
du willst es nicht glauben
und doch ist es wahr

eh' du dich versahst
schlich er sich ein
die Zerstörung beginnt
aber du willst gewinnen

eine Zeit voller Mühe
voll Schmerz und Verdruß
obwohl du so viel stärker
das Schöne genießt

dann denkst du: wieder besser,
für geheilt erklärt
viel Stolz und Zufriedenheit
bringt das mit sich

das Elend, die Sorgen
sind alle vorbei
grenzenloses Glück
du fühlst dich wieder frei

dann geht's dir sehr gut
und doch spürst du immer
auch wenn du es leugnest
den Rest Unsicherheit

ein Schock und ein tödlicher Schlag
ein Alptraum, Realität
geschlagen und machtlos
akzeptierst du die Wirklichkeit

dann kämpfst du wieder
aber es ist nicht genug
der Kampf ist verloren
der Tod vor dem Bug

ein Leib voller Schlamm
verschmutzt und zerstört
eine laufende Nase, viele Tränen
rote Wangen, verheult

dann wirst du genießen
die verbleibende Zeit
und dann die Erlösung
eine Seele ist befreit

ein Leben beendet
von Krankheit gedrückt
ein Leben so kurz
die Zukunft entrückt

eine Leere bleibt zurück
ein Abschied, viel Schmerz
doch Erinnerungen bleiben
in unserem Herz

Heute hat mein Haar angefangen, richtig auszufallen. Schade, aber Gott sei Dank bin ich noch nicht fett vom Prednison, und das setzen wir am Montag schon ab. Habe heute nacht schlecht geschlafen und war heute morgen sehr müde. Kopfschmerzen.

Lieve, Vanessa, Karin und Annet wollten vorbeikommen, eigentlich hatte ich gar keine Lust dazu, war zu müde. Aber es war sehr schön.

Die Überraschung ist da! Meine Ahnung war richtig, echt super! Ich habe die Jacke von Vanessa (es war ihre Idee), Lieve, Nicolet, Karin, Annet, Christa, Jessica, Floris, Floortje E., Friso, Meike und Lissa bekommen. Ich finde es so toll. Wie soll ich ihnen jemals danken? Ich schicke ihnen auf jeden Fall allen eine Karte, an Vanessa eine ganz große.

Vanessa ist also nach Amsterdam gefahren, hat die Jacke gekauft und hat sie sogar in die Reinigung gebracht, damit sie sauber wäre. Lieb, was? Kaum zu glauben!! Zuerst kamen also Lieve und Vanessa und dann Nicolet und Lissa und Karin und Annet. Das ganze Haus war voll. Aber mir ging es gerade deshalb besser. Und dann mußten Vanessa und Lieve weg, danach gingen Lissa und Karin. Dann kamen Caspar und Laura.

Langsam ging der Rest, und Mama und ich haben uns sehr gut mit Cas und Laura unterhalten, über Religion. Karin hat den Vinea-Prospekt hiergelassen, wegen der Ferien. Dr. Lijessen kam auch vorbei, Caspar und Laura waren schon weg.

Ich habe Mama um Rat gefragt wegen Marijn. Was ich ihm schreiben sollte. Mama meinte: »Reagiere einfach nicht auf diesen Teil von seinem Brief, schreibe ihm einfach einen lieben Brief.«

Geertje war heute sehr fröhlich und lieb, ich frage mich, ob ich sie doch noch fragen soll. Soll ich mal anrufen? Es ist allerdings schon fast Viertel nach elf. Wenn ich es tue, muß ich es jetzt tun. Soll ich es wagen? Ja, nein. Ich weiß nicht. Ich tue es einfach.

Viele liebe Grüße
Floortje

Nachtrag:
Ich habe Geertje angerufen und sie war wirklich sehr lieb. Wir haben beschlossen, daß ich nicht auf diesen bestimmten Teil reagiere, aber einen lieben, etwas besonderen Brief zurückschreibe. Uff, endlich eine Lösung.

Wir haben noch ein bißchen miteinander gequatscht, und jetzt gehe ich schlafen.

Alles Liebe,
Floortje

12. Februar 1993

Ich bin heute weder in der Schule noch im Peuk gewesen, irgendwie habe ich mich nicht getraut.

Meine Haare fallen jetzt richtig aus. Ich habe sie gewaschen, und es geht noch einigermaßen. Es würde immer noch nicht auffallen, wenn man mich jetzt zum ersten Mal sehen würde. Trotzdem.

Ich habe heute morgen selber Gummiband in die braune Mütze eingezogen, bin ganz stolz. Endlich hat es geklappt. Ich habe es wirklich ganz alleine gemacht. Bin spät ins Badezimmer gegangen, um Viertel nach zwölf, und habe mich angezogen. Mama ist Tennis spielen gegangen, ich war also allein zu Hause und habe mich ganz wohl gefühlt. Ich habe meine Tasse mit runter genommen und gedacht: Jetzt kann ich Marijn schreiben und die Karten (für die Jacke), aber erst schaue ich den Film von den Doors zu Ende.

Und dann, nachdem ich den gesehen hatte, war ich total fertig. Sehr merkwürdig. Ich finde, es ist ein Scheißfilm. Die Musik ist gut, die Bilder sind schön, aber die Geschichte selbst (na ja, Geschichte) regt mich total auf. Für mich ist Jim Morrison ein Angeber, ein egoistischer Schwachkopf. Na ja, das ist halt meine Meinung.

Ich saß gerade mit meinem Walkman gemütlich herum, um mich kurz zu erholen und wollte dann zeichnen, als es klingelte. Rob und Birgit. Ich sagte schon: »Oh, Mama ist noch nicht zu Hause.« Gott sei Dank kam sie da gerade angefahren.

Es war sehr eigenartig. Aber wir hatten sie schon so lange nicht mehr gesehen. Ich hätte Rob nicht erkannt. Ich glaube, daß sie es ein bißchen unangenehm fanden, ich bin jedenfalls beinahe eingeschlafen. Dann kamen Geertje und Miriam, Rob und Birgit sind gegangen. Es war nett mit Miriam, sie ist so lieb. Sie kommt morgen abend noch mal kurz vorbei. Ich habe von ein paar Freundinnen von Geertje einen tollen Teddybären bekommen. Es ist echt ein wahnsinnig süßes Bärchen.

Karin und Annet haben vergessen, vorbeizukommen, das macht nichts, sie hatten ja angerufen. Im Sommer fahren wir nach Sète in Frankreich in Urlaub, mit Vinea-Strandreisen.

Ach ja, ich habe gerade ulkigerweise meine Blockflöte gefunden und darauf gespielt. Es ist und bleibt ein nettes, blödes, fürchterlich klingendes Instrument. Vielleicht kann ich versuchen, ein paar Lieder zu schreiben. *Lady Marian*-Lieder oder so. Ich habe so viele Instrumente gespielt und trotzdem grabe ich die Blockflöte immer wieder aus.

Ulkig.

Viele liebe Grüße,
Floortje

13. Februar 1993, Viertel nach eins

Ich habe (noch) nicht um Suzanne geweint, vielleicht kommt das noch, vielleicht nicht. Ich frage mich, ob der Tod wirklich so schön ist, wie ich es mir selber vormache. Ich schreibe über Erlösung, Licht und die Befreiung der Seele, aber mache ich mir selbst und den anderen damit nicht etwas vor?

Ich verhalte mich so, als hätte ich alles akzeptiert, aber ich glaube eher, daß ich es einfach kein bißchen glaube. Bin ich mir überhaupt dessen bewußt?

Denn wenn ich wirklich nachts sehr müde bin und Schmerzen habe, habe ich Angst. Ist das die Angst vor dem Sterben selbst? Oder davor, daß es noch Dinge gibt, die ich für mich selber tun muß? Zu früh?

Es ist alles so unwirklich. Vor allem jetzt: Ich habe noch ganz dünnes Haar und bin nicht total dick vom Prednison. Man sieht es kaum.

Floortje

13. Februar 1993

Das Begräbnis

Heute morgen um halb zehn sind wir alle vier nach Maastricht gefahren. Ab und zu ein Hüsteln oder ein Seufzer, ansonsten kaum ein Wort.

Suzanne Demers, nicht älter als achtzehn Jahre alt geworden, wieder ein Leben weggerissen von diesem Planeten.

Wegen der Kälte und des dichten Nebels konnte man die roten Schlußlichter der Autos ebenso schlecht erkennen wie die bereiften Äcker und Bäume entlang der Straße. Aschgraues Wetter für einen traurigen, schwermütigen Tag.

Als wir bei einer hübschen, kleinen Kirche ausstiegen, überfiel mich ein Gefühl von innerer Abwehr, aber auch der Verpflichtung mir selbst gegenüber, und vor allen Dingen gegenüber Suzanne und ihren Eltern.

In dem Moment, als ich meinen Fuß über die Schwelle

der Theresiakirche setzte, wurde ich von einem unbeschreiblichen, besonderen Gefühl befallen. Eine Mischung von Trauer, Respekt und vielem anderen. Wir waren ein kleines bißchen zu spät dran. Wie kleine Kinder, mit offenem Mund und den Kopf im Nacken, setzten wir uns bescheiden in den Hintergrund. Weit vor uns der Altar, Kerzenleuchter und der Sarg in der Glut und den Strahlen des Kerzenlichts.

Die Klänge des Stücks *Tears in Heaven* drangen zu mir durch, und früher als erwartet kamen die Tränen, die laufende Nase und schließlich das Taschentuch.

Nach ein paar weiteren, wunderschönen Liedern, darunter *Der Schwan* von Saint-Saëns, gespielt von Cello und Harfe, etwas Poesie (wofür Suzanne sich in der letzten Zeit so sehr interessiert hatte), wurden von ihren Eltern und Freunden ein paar kleine Ansprachen gehalten und Gedichte vorgetragen. Über Suzanne, ihren Mut und ihre Kraft.

Es tut mir jetzt noch leid, daß ich kein Gedicht mitgenommen habe.

Danach sind wir wieder hinaus in die eisige Kälte gegangen, hinter einem Geleitzug her zum Friedhof. Im Auto, ohne viele Worte, aber im Bewußtsein, daß wir alle dasselbe dachten, trockneten wir unsere verweinten Augen und rot-schwarz gefleckten Wangen.

WIR HABEN UNS NOCH!

Beim Friedhof sind wir ausgestiegen und haben uns zu der Menschenmenge gestellt. Ab und zu ein paar Küsse, ein Schluchzen, eine Träne und ein vorsichtiges Lachen. Leute, die wir nicht kannten.

Es war noch etwas neblig und kalt, aber schöner hätte es nicht sein können. Die hohen Nadelbäume blickten auf uns herab, während wir, knirschenden Kies unter unseren Füßen, die Friedhofswege entlanggingen, an gut gepflegten und weniger gut gepflegten Gräbern vorbei. Zu langsam, als daß sie einem nicht aufgefallen wären, zu schnell, um die Inschriften lesen zu können. Ich schaute um mich. Nebel, Birken und Trauerweiden machten das Bild noch trauriger, als es sowieso schon war, und ich beschloß, es sehr genau in mich aufzunehmen, um es für alle Zeiten zu bewahren.

Nach einem kleinen, runden Platz für Kriegsopfer hielten wir zusammen mit der Menge an, und nach einer kurzen Pause sind wir, genau wie die anderen, entlang des mit vor allem gelben und weißen Blumen bedeckten Sarges gelaufen. Ein letzter Abschied.

Suzanne Demers, achtzehn Jahre. Nach einem langen Kampf, ihrem persönlichen Krieg, nun endlich Frieden. Die Kraft, den Mut und das Positive, das sie ausstrahlte, werde ich nie vergessen. Viele, so viele Menschen haben von ihr gelernt. Suzanne hat mit ihrer Willenskraft so viele Menschen mitgezogen und weitergebracht; wenn sie da war, schien es, als sei alles viel weniger schlimm.

Suzanne, wir danken Dir!

Es gab danach noch irgendwo Kaffee, aber wir wußten nicht, wo, und sind dann einfach gefahren. Es war für uns alle vier sehr ermüdend. Dann haben wir in einem Autobahnrestaurant gesessen, Kaffee getrunken und etwas gegessen. Ja, und das war sehr schön, so zu viert. Wir haben echt unheimlich viel gelacht.

Wir haben nämlich die ganze Zeit so zum Spaß Deutsch geredet, aber die Hälfte davon war natürlich kompletter Unsinn. »Loss, sonst knalt es. O.k. ›boss‹ roger, einverstanden.« Aber das kann man hinterher gar nicht so richtig nacherzählen.

Wir wollten noch bei Geertje und Manfred vorbeischauen, aber die waren nicht zu Hause. Ich habe beinahe auf dem ganzen Rückweg vor mich hin gedöst. Ich war wirklich total fertig, aber ich bin gestern auch erst um halb drei ins Bett gegangen. Ich habe nämlich einen Brief an Marijn geschrieben, einen ganz langen, er ist echt super geworden.

Heute abend sind Miriam und Jeroen vorbeigekommen. Wirklich nett. Ich muß mal eine Kleinigkeit für Miriam kaufen, und auch für Geertje. Einen Glücksbringer oder so was in der Art. Oder zum Beispiel einen Ring, in den ich »In Liebe Floortje« eingravieren lasse oder so. Aber den bekommt sie dann zu ihrem Geburtstag. Ich gehe jetzt mal schlafen.

Alles, alles Liebe und eine Umarmung,
Floortje

14. Februar 1993

Ich schreibe jetzt nur ganz kurz, denn es ist schon 18 vor zwölf, und morgen muß ich früh aufstehen.

Heute morgen sind wir spät aufgestanden: um Viertel

vor elf. Wir haben gefrühstückt, und danach habe ich angefangen, ein Zigarettenetui für Geer zu entwerfen. Das klappte nicht so richtig, ich bin noch lange nicht damit fertig.

Ich war müde heute, bin spät ins Bad gegangen, habe mich angezogen, und dann kamen Herr und Frau Berkel, Karin und Annet. Das war echt schön. Annet ging ziemlich bald wieder, Karin ist noch dageblieben, richtig nett. Wir fahren in Urlaub nach Sète und brauchen uns jetzt nur noch telefonisch anzumelden. Karin ist ungefähr um sechs Uhr gegangen und die Familie Berkel ist zum Essen dageblieben. Wir haben chinesische Reistafel geholt, war echt lecker, obwohl ich das eigentlich nicht so gerne esse. Vanessa hat noch angerufen, und wir haben uns richtig gut unterhalten. Habe Kaffee getrunken und weiter gebastelt. Ich hoffe, daß es was wird.

Gehe jetzt schlafen.

Alles Liebe,
Floortje

Montag, 15. Februar 1993

Habe nicht so gut geschlafen.

Wir waren heute im Krankenhaus und müssen in den nächsten zwei Wochen jeden Tag hin, auch am Wochenende.

HB sind auf 4,0, ich bin echt müde.

Wir hatten abgemacht, daß ich, wenn das Blut in

Ordnung wäre, eine Kochenmarks- und eine Lumbalpunktion bekommen sollte. Es wurde Blut abgenommen und es war nicht in Ordnung.

LEUKOS: 0,9/HB: 4,0/THROMBOS: < 10. Also dachte ich,
vielleicht eine LP, aber keine KP. Dann wollten sie auf
einmal keine LP, sondern eine KP. Das ergab aber wirklich überhaupt keinen Sinn, denn Behrendt hatte noch
gesagt: »Wenn die Blutwerte nicht in Ordnung sind,
das Knochenmark also nicht so richtig arbeitet, dann
hat das keinen Sinn.« Er wollte das »blühende« Knochenmark sehen. Man hat mir dann aber recht gegeben, keine KP.

Neben meinem Port-a-cath ist ein großer blauer Fleck.
Habe bis jetzt keine Probleme damit gehabt. Bis heute
eine fremde Ärztin (sie glaubte mich allerdings zu ken-
nen, echt blöd) auf einmal sagte: »Ja, er schwimmt
weg!« und ganz feste draufdrückte. Hat weh getan. Ich
will nicht, daß sie morgen die LP macht, bloß nicht!

Dann kam noch so eine blöde Aushilfe, die mich fragte,
auf welche Schule ich ginge? Ob ich Angst hätte,
sitzenzubleiben, was ich später werden wollte und daß
es mir aber erst besser gehen müßte.

Aber egal, ich war echt kaputt, alles tat mir weh, und
dann wurde meine Port-a-cath-Nadel rausgeholt, und
ich mußte feste zudrücken, hat auch sehr weh getan.

Will weitermachen mit dem Zigarettenetui für Geer,
aber ich bin zu müde, um hinter dem Schreibtisch zu
sitzen, und im Bett geht es nicht.

Ich habe das Gefühl, daß ich noch so viel schreiben
muß, aber ich weiß nicht so genau, was, und das nervt
mich total. Ich fühle mich wahnsinnig gehetzt.

Ich muß die Dankeskarten für die Jacke noch schreiben, aber ich habe keine Lust. Muß Berbel auch noch schreiben und meine Vision und ein paar andere Dinge aufschreiben.

Richtig dick ist mein Gesicht nicht. Was es ist, weiß ich nicht, und doch habe ich einen Prednison-Kopf.

Meine Haare regnen nur so herunter. Ich fühle mich so beschissen. Ich könnte nur noch heulen. Geistig bin ich hyperaktiv, aber mein Körper schafft einfach gar nichts. Ich habe fast noch nicht mal genug Kraft, um die Knöpfe von meiner Hose aufzumachen.

Gute Nacht, Floortje

Dienstag, 16. Februar 1993

Was für ein Tag!

Du fragst dich sicher, warum ich mit diesem Stift schreibe. Also, ich habe heute eine Lumbalpunktion bekommen, muß wieder mindestens sechs Stunden lang flach liegen und kann mich deshalb nicht selber um meine Tasche kümmern. Meine *heilige Tasche* mittlerweile.

Natürlich ist das Etui weg. Wenn es nicht unten ist, sondern im AMC, o Mann, dann bin ich echt sauer. Mama und ich waren heute vormittag spät im Krankenhaus, na ja, was heißt spät, später als wir wollten. Alles ging eigentlich so beschissen.

Ich sollte also eine LP kriegen, aber zuerst Thrombos. Also, erst darauf warten, daß die Nadel gelegt wurde, dann Tavergil (Mittel gegen allergische Reaktionen) und Thrombos bekommen.

Okay, LP, aber nein, Dr. Behrendt wollte erst noch wissen, ob die Thrombos angeschlagen hätten. So was Bescheuertes!

Aber egal, wir zum Blut abnehmen. Maschine kaputt, das Blut mußte nach oben, und das dauerte total lange. Um halb eins endlich die LP, und wir sind um halb zehn dagewesen! Weil wir noch im Stau gestanden hatten. Die LP klappte sehr gut, Dr. Behrendt machte sie persönlich, habe kaum was gespürt. Danach habe ich viel geschlafen, und mir ist endlich eine Überraschung für Geertje eingefallen. Wieder eine Sorge weniger. Na ja, habe einen Beutel Blut bekommen, kriege morgen noch einen.

Mama ist eigentlich krank, vergrippt, das kann mich ziemlich aufregen, aber sie kann natürlich auch nichts daran ändern. Dann kam mich Papa abholen, und wir haben einen Hamburger geholt. Wunderbar, und ich wurde ins Wohnzimmer getragen, denn ich mußte in diesen ganzen Stunden flach liegen.

Es war sehr schön, als Geertje nach Hause kam.

Es gibt lauter Probleme mit dem Hockeyclub und dieser Skifreizeit, die hatten von nichts eine Ahnung, obwohl Mama einen Brief geschrieben hatte, daß Geertje an meiner Stelle fahren würde.

So, ich bin müde und gehe ins Bett.

Geertje kam noch kurz zu mir. Das fand ich richtig lieb. Habe heute nacht kaum geschlafen wegen schrecklicher Schmerzen in den Füßen und Beinen. Das kommt wahrscheinlich vom Vincristin. Echt unerträglich, habe Paracetamol genommen.

Alles Liebe, Floortje

Ich bin gerade nach einem sehr merkwürdigen Traum wach geworden und hatte wahnsinnige Schmerzen in den Füßen. Ich glaube, ich bin von diesen Schmerzen aufgewacht. Mir ist das unheimlich.

Alles geht nur so mühsam und langsam, und wegen solchen Dingen kriege ich Angst, zu sterben. Dann denke ich so was wie: nein, jetzt noch nicht!

Ich muß Marijn noch mal sehen. Ich muß noch viel mehr schreiben. Nein, noch nicht! würde ich dann am liebsten schreien.

Es jagt einem solche Angst ein, wenn man Schmerzen hat und nicht weiß, woher sie kommen. Vielleicht kommen sie von der Asparaginase (Zytostatika), die ich heute (also gestern) zum ersten Mal wieder bekommen habe.

Au, es ist wirklich unerträglich. Ruhig durchatmen! Mir ist kalt, und ich lege mich wieder hin.

Floortje

Mittwoch, 17. Februar 1993

Ich bin todmüde, darum mache ich es kurz.

Mein Etui hatte sich doch in meiner Tasche versteckt. Arme Mama. Immerhin, noch mal Glück gehabt.

Habe mich durch die Bluttransfusion super erholt. Heute ging es mir gut. Habe viel am Zigarettenetui für Geertje gearbeitet. Eigentlich die ganze Zeit. Außer, wenn jemand gekommen ist und mit mir gesprochen hat. Marga war da, habe mich gefreut.

Habe einen Termin bei Kees Boegem verpennt. Mist! Als wir nach Hause kamen, war ich auf einmal so müde. Habe mich zu sehr angestrengt und zu viel gearbeitet, glaube ich, habe nur noch geschlafen und gegessen. Annet hat angerufen, Jessica auch, lieb.

Alles Liebe, Floortje

Donnerstag, 18. Februar 1993

Habe beschissen geschlafen heute nacht.

Meine Knie haben ganz ordentlich weh getan. Aber nicht so sehr wie am Dienstag meine Füße. Ich war todmüde. Habe den ganzen Tag geschlafen. Hat sich alles in die Länge gezogen im Krankenhaus, waren erst um zehn vor fünf zu Hause. Ich total depressiv und müde.

Christa und Radboud waren da, das war schon schön. Habe zwei Schachteln Bonbons geschenkt bekommen. Esther hat bei uns gegessen.

Habe sehr große Probleme mit meinem übersäuerten Magen und meiner Depressivität gehabt, letzteres den ganzen Tag über. Gegessen, wieder geschlafen, wieder wach geworden um vierzehn nach zehn. Jetzt geht es mir schon etwas besser.

Ach ja, die Fotos sind fertig! Supertoll, wirklich einfach wunderschön!!

Papa ist wegen mir nicht Tennis spielen gegangen, weil es mir nicht gut ging, Mama war auf Lies' Geburtstag und Geertje beim Vitus-Bandabend. Wir haben kein Fernsehen geschaut, es war richtig gemütlich.

Laura und Lieve hatten angerufen, aber ich war zu müde, um zurückzurufen, und jetzt ist es zu spät.

Na gut, ich gehe schlafen. Schon wieder.

LEUKOS: 0,5/HB: 6,9/THROMBOS: 36

Alles Liebe,
Floortje

Der Untergang

Menschen, Menschen hier auf Erden,
schätzt den Wert des Lebens.
Denn wenn wir so weitermachen,
wird dieser Planet nicht mehr lange existieren.

Woran es wohl liegt: Ich weiß es nicht.
Was sind wir doch für ein Haufen von Ekeln.
Wir denken nur an uns selbst und an Genuß
und machen dadurch alles andere kaputt.

Die Erde vermüllt, die Erde vergeht
und bevor wir es wissen, ist alles zu spät.
Alles gerät aus dem Gleichgewicht
und langsam wird die Erde zugemüllt.

Tief in der Erde, im Kern, von innen.
Mit Schütteln und Beben: So wird es beginnen.
Ein Knall, eine Explosion, die Erde verschwindet.
Das Weltall und die Milchstraße mit Brocken übersät.

Dieser einst schöne Planet Erde explodiert.
Offenbar hatten die Bewohner nicht gelernt,
daß dieser Planet länger hätte bestehen können,
wenn sie etwas besser damit umgegangen wären.

Außenseiterin

In einer Vision sehe ich eine lange Reihe grauer
    Gestalten wie Sklaven des Lebens an mir vorbei
    schlurfen.

Und ich ... ich stehe daneben und schaue mir das
    Ganze ohne eine Gefühlsregung an.

Ich sehe die Menschen an mir vorbeiziehen.
Und ich weiß, ich müßte jetzt das Gefühl haben,
    dazugehören zu wollen.
Mitzugehen mit der Zeit und den Menschen.
Teilzunehmen am normalen, langweiligen bißchen
    Leben.
Ein Gefühl von Wut und Unaufrichtigkeit.

Aber das Gefühl bleibt aus.

Kein Bedürfnis, mich in die Menschenmenge zu
    stürzen, oder jemanden herauszuführen.
Nicht das Gefühl: So will ich auch sein.

Ich sehe graue, erstarrte, gefühllose Menschen,
auf dem Weg zu einem Ziel, das sie selbst nicht
    kennen.

Die ganze Zeit über ist mir bewußt, daß sie schließlich
    am selben Ort wie ich enden werden oder
       weiterlaufen bis ans Ende der Welt, wonach
       nichts mehr von ihnen übrig bleibt.

Bin heute erst um zehn Uhr aufgestanden.

Geertje hat bei mir geschlafen. Super! Geertje hatte frei, und Mama und ich brauchten erst um halb zwölf im AMC zu sein. Habe mich noch ein bißchen mit Geer unterhalten. Tat gut.

Im Krankenhaus hat alles prima geklappt, aber ich war so schrecklich müde, ich habe eigentlich nur geschlafen.

Als wir ungefähr um halb fünf nach Hause fuhren, haben wir noch bei McDonald's angehalten und ein paar Fritten geholt, weil ich nur gefrühstückt hatte. Es war eine Enttäuschung, ich habe aber gesagt, daß es sehr lecker schmecken würde, es tut mir sonst so leid für Mama. Leide sehr unter meinem übersäuerten Magen, und mir ist (ich glaube, von der Asparaginase) ein bißchen schlecht, ich bin immer so müde, mein Appetit läßt wieder nach und ich wiege nur noch 39,8 Kilo. Obwohl ich ziemlich gut gegessen habe.

Als wir nach Hause kamen, haben wir auf Papa gewartet und Geertje weggebracht. Meine Güte, wie wird sie mir fehlen! Wie werde ich mich langweilen! Aber was soll's, ich gönne es ihr, und diese Woche paßt es eigentlich ganz gut, weil wir jeden Tag ins Krankenhaus müssen.

Es war ihr nicht besonders (eigentlich überhaupt nicht) wohl dabei, zu fahren, das kann ich mir gut vorstellen. Ich hoffe aber, daß es schön für sie wird.

Papa ist im Moment bei Peter, der heute Geburtstag hat. Ach nein, bei Marlies, Peter hatte gestern. Ulkig, was? Karin hat während des Essens angerufen, aber ich bin zu müde, um sie zurückzurufen, und jetzt wird sie sicher weg sein. Ich lege mich direkt schlafen.

Küßchen,
Floortje

P.S.: Habe gestern zwei gute Sachen geschrieben.

Ode an Geertje

In meinem Bett, weit von mir entfernt,
sehe ich im dunklen Himmel den hellen Mond.

Er erinnert mich an eine Perle in der Wüste
in hellem, weißen Sand – ganz zart und fein.

Aber wie rosig du auch da liegst
das Leben ist nicht immer wie ein Rosengarten.

Bald ist mein kurzes Leben zu Ende.
Liebe Perle, deines geht weiter, mit oder ohne mich.

Kurz wird die Zeit scheinbar stillstehen,
aber du wirst wieder weitergehen müssen.
Geh auf die Suche nach den Sonnenseiten in deinem
    Leben.
Laß ihre Strahlen dir Wärme geben.

Laß dir von ihnen Mut und Kraft einflößen,
damit du strahlen kannst, wie der Mond in der Nacht.

Ein Wettlauf gegen die Zeit, den du doch niemals
   gewinnen kannst.
Den Pullover fertig haben wollen, bevor die Wolle zu
   Ende ist.

Langsam schwebe ich weg,
in das Land der Sorglosigkeit,
gelange ich ins Traumland.

Ich sehe eine warme, dunkle Kneipe,
ein großes Fenster,
drinnen leuchten friedlich die Lampen
und die Menschen sitzen warm und behaglich
   beieinander.

Es ist dunkel und feucht,
ich befinde mich in einer Straße
wo auf einer Seite Autos stehen
und sich auf der anderen Seite Geschäfte befinden.

Ich höre ein Geräusch und sehe mich um,
zwei Lichter kommen sehr schnell auf mich zu,
ich setze mich langsam in Bewegung und
laufe die Treppe hinauf.

Die Uhr tickt alle Stunden weg,
Batterie leer, die Uhr bleibt stehen,
aber die Zeit läuft weiter.
Manchmal scheint man kurz innezuhalten
und fällt in ein tiefes Loch.

Ach, ich bin in der letzten Zeit so müde und werde immer schwächer. Ich habe Angst zu sterben, während Geertje nicht da ist. Ich mißtraue dem Krankenhaus ein bißchen. Anyway, bin mit Papa im AMC gewesen. Oben auf F8N. Die Ambulanz ist am Wochenende geschlossen.

Es wurden noch zwei Junkies eingeliefert, glaube ich, einer lag besinnungslos auf dem Boden. Der andere stand noch. Allerdings war laut Papa auf einen Polizisten mit einem Messer eingestochen worden oder so. Spannend, was?

Oben war es ruhig. Nach viel Gedöns gestern (als wir so lange warten mußten), wurde ich heute sofort gespritzt. Also konnten wir ziemlich früh wieder nach Hause.

Lot war da (gestern auch schon) und Johan, Anita und Paula. Habe mich gestern und heute nett (na ja) mit Lot unterhalten.

Das Projekt für Geertje ist fertig und ich habe ein Gedicht und zwei Geschichten dazu geschrieben, für meine Sammlung.

Wir haben bei Herrn und Frau Berkel gegessen. War ganz lecker.

Es ist schwer, ehrlich zu schreiben, wenn man weiß, daß bald jemand das hier lesen wird.

Gerade hat das Telefon geklingelt, habe nicht abgenommen. Schade, ich bin so neugierig, wer da angerufen hat. Ich hoffe nicht, daß es Marijn war, denn ihn hätte ich natürlich gerne sprechen wollen. Ist das nervig.

Floortje

Einsamkeit

Mit einem Seufzer ziehe ich die Tür hinter mir zu. Uff, endlich ein Gefühl der Freiheit.

Sobald ich nach draußen komme, färben die Kälte und die Feuchtigkeit des Winters schnell meine Wangen rot, ich schlage meinen Kragen ein bißchen hoch und vergrabe die Hände tief in den Taschen.

Es ist dunkel, das Licht, das aus der Tür fällt, scheint friedlich auf den Gartenweg, den ich jetzt entlanggehe. Ich ziehe mir noch mal meinen Schal zurecht und beuge den Kopf nach vorn, damit der Wind mir nicht direkt ins Gesicht bläst.

Ich komme mir eingepackt wie eine Mumie vor und fange an, unter den Laternen her zu gehen.

Ein Schritt, zwei, drei ...

Wohin eigentlich? Keine Ahnung. Bin mal eben um den Block, hatte ich noch gerufen, und war schnell losgegangen.

Das Bedürfnis, allein zu sein, war groß. Versuchen, die Gedanken zu ordnen.

Ein Gefühl der Verlorenheit, als ob ich hier nicht mehr hingehörte, überkommt mich. Nicht wie der eine, schon gar nicht wie ein anderer. In einem Nebel der Unwirklichkeit gehe ich weiter.

Es fängt an zu nieseln. Shit! Ich schaue durch das Licht einer Laterne nach oben und sehe, wie die Bäume ihre Zweige bewegen, als wollten sie einen zu Tode erschrecken.

Nein, nach all den Jahren gelingt ihnen das nicht mehr. Ich ziehe den Kragen noch etwas höher und laufe mit einem unbehaglichen Gefühl weiter.

Die Gedanken schießen mir durch den Kopf. Zukunft, Gegenwart, Vergangenheit.

Was bewegt die Welt? Geld, Liebe, Sex?

»Was ist Einsamkeit?« ist meine Frage, bekomme ich heute noch eine Antwort darauf? Worum geht es, und worum sollte es gehen?

Fragen, auf die man eine Antwort haben möchte vor seinem Tod.

Der eine glaubt, die Antwort zu wissen, der andere meint, sie niemals zu erfahren. Was erwartest du vom Leben?

Das ist die große Frage, wenn man mich fragt. Dann tu es doch, aber hast du dafür Zeit?

Wie lange hast du noch? Wieviel Zeit und was für eine Zeit? Eine gute, eine schlechte?

Beinahe jeder ist doch im Leben auf der Suche nach dem richtigen Lebenspartner.

Eltern sehen Mädchen/Jungen kommen und Eltern sehen Mädchen/Jungen gehen. Liebeskummer, eins der größten Leiden in unserem Leben. Genau wie die Einsamkeit. Verrückt, wie man sich in einer großen Gruppe von Leuten so einsam fühlen kann. Obwohl man mitten drin ist.

Abhängig sein von anderen Leuten, ob sie Lust haben, vorbeizukommen, denn man kann nicht einfach selbst losgehen, um sie zu besuchen.

Plötzlich höre ich ein Geräusch hinter mir, ich schaue mich um und sehe zwei helle Lichter, die auf mich zukommen.

Es läßt mich ziemlich kalt, und langsam (ohne mir dessen bewußt zu sein) gehe auf die Bahnsteigkante zu. Bahnsteigkante ... ja, ja, die Realität.

Ein Lächeln huscht über mein Gesicht, ja, Fragen über Fragen, aber man bekommt doch keine Antwort darauf. Man hat noch ein paar Monate, aber man könnte auch von einem Auto überfahren werden.

Ich höre, wie sich ein donnernder Lärm nähert, und erst nach langer Zeit wird es wieder still. Ich lese das Straßenschild: Bahnhofstraße. Ja, wir wohnen auch an den Gleisen.

Montag, 22. Februar 1993

Habe phantastisch geschlafen, trotzdem war es anfangs ein Scheißtag. Ich war so entsetzlich müde und schwach. Wir sind mit dem Taxi zum AMC gefahren, weil Schneematsch lag. Ich habe im Grunde nur die ganze Zeit über geschlafen und geheult. Pappi hat uns abgeholt.

Lieb, was?

Nach dem Essen ging es mir wieder etwas besser, Jessica hat noch angerufen, fand ich nett.

Papa hat jetzt damit angefangen, meine Gedichte und Texte in den Computer einzugeben. Mein größter Wunsch ist, daß sie einmal herausgegeben werden. Das fände ich wirklich wahnsinnig toll.

Das Schreiben geht zwar ganz gut, aber am besten schreibe ich zu den Kassetten von Miriam und zu der

Musik von Clannad. Obwohl die Kassetten von Miriam etwas Besonderes (in gewisser Weise schöner) für mich sind und nicht durch die Atmosphäre im Krankenhaus verdorben werden dürfen.

Also höre ich sie abends im Bett, aber meistens bin ich dann zu müde.

Ich war heute wirklich sehr depressiv und wußte nicht mehr ein noch aus. Ich bin wegen allem in Tränen ausgebrochen, obwohl das eigentlich nicht meine Art ist. Arme Hennie.

Ich hoffe, daß es Geertje gut gefällt.

Ich fühle mich so *verloren* ohne sie. Als ob mir etwas fehlte. Ja, ich vermisse sie wirklich sehr, auf jeden Fall ihre Lebendigkeit.

Papa und Mama sind sehr lieb zu mir. Manchmal ein bißchen zu lieb. Sie verwöhnen mich ganz schön.

Ich muß noch an Berbel schreiben, die Karten wegschicken und das Etui für Geertje fertig machen. Mit dem Essen klappt es wieder weniger gut.

LEUKOS: 0,8/HB: 5,9/THROMBOS: < 10

Alles, alles Liebe,
Floortje

Verloren

Zu wenig Haar, um ohne Hut hinauszugehen,
zuviel, um es abzurasieren und eine Perücke
    aufzusetzen.

Was höre ich da?

Ins Krankenhaus, nein, denn die liegen da, um gesund
zu werden, ich versuche, Zeit zu gewinnen.
Gut, in die Schule dann, zu den »normalen« Leuten,
nein, denn ich bin zu schwach, um mit ihnen
    mitzuhalten.

Ich habe das Gefühl, an einem seidenen Faden zu
    hängen,
der jeden Augenblick reißen kann.
Ich fühle mich manchmal einsam, verloren, wie viele
    Menschen
ich auch um mich habe.

Über dem tiefen Abgrund des Todes.
Wie lange wird es noch dauern?
Hin- und hergerissen zwischen zwei Welten.
Ich sehe sie mir aus der Entfernung an und frage mich,
ob sie verstehen, wie wunderbar es ist,
so unbesorgt tun und lassen zu können, was
sie wollen. In die Schule gehen, ausgehen.

Damit will ich nicht sagen, daß sie keine Probleme haben oder haben können, aber für mich ist all das etwas so Besonderes, daß ich hoffe, daß sie ab und zu darüber nachdenken.

Geertje

Meine Geer, meine Schwester, mein Zuverlaß,
warum das Schicksal uns vergaß?
Das können wir uns immer wieder fragen,
aber ich hab' dir noch so viel zu sagen.

Suche die Sonnenseite im Leben
und laß die Strahlen dir Wärme geben,
damit sie dir geben Mut und Kraft,
so daß du strahlst wie ein Stern in der Nacht.

Ach du, meine Stütze und Zuverlaß,
ein Leben geht vorbei.
Aber wie es mir auch bald ergehen mag,
vergrabe dich nicht in Bitterkeit und Trauer,
denn so siehst du die schönen Seiten des Lebens nicht.

Wie Mama es sah in ihrem Traum,
glänzend, strahlend, unschuldig und fromm,
wie eine schimmernde Perle in der Wüste,
in hellem, weißen Sand, ganz zart und fein.

Suche die Sonnenseite im Leben
Und laß dir von den Strahlen Wärme geben,
so daß du auch noch in dunkler Nacht
strahlen kannst voll innerer Pracht.

Ich liege betaut im dünnen Gras.
Der Regen küßt mich sacht.
Ich versuch' zu vergessen, wie's damals war,
in einer andren Nacht.

Es ist seltsam, dies jetzt zu schreiben, aber sollte ich plötzlich und unerwartet sterben, dann müssen ein paar Dinge gesagt oder, in diesem Fall, geschrieben werden.

Als erstes kann ich gar nicht in Worte fassen, wie sehr ich Euch dafür danke, daß ihr mich unterstützt und an meiner Seite gekämpft habt.
Aber ich kann einfach nicht mehr.

Ich liebe Euch so sehr und ich weiß, daß Ihr mich auch geliebt habt und immer einen Teil von mir in Euch tragen werdet, und das tut mir gut.

Diese Wünsche habe ich noch:

Mein allergrößter Wunsch ist, daß die Gedichte in einer Sammlung herausgegeben werden.
Ich möchte eingeäschert werden.
Mit vielen Kerzen.

Tears in heaven – Eric Clapton
Lady Marian – Clannad

Samstag, 27. Februar 1993

AMC, Abteilung Onkologie

Testament

21.20 Uhr

Wenn ich aus der Narkose nicht mehr erwache, bekommt Geertje alle meine Sachen.
Den Silberring bekommt Berbel, den anderen Ring bekommt Miriam.
Schlappohr bleibt bei Hans und Hennie.

Nachwort

In der Nacht von Montag auf Dienstag, den 2. März 1993, um 02.20 Uhr ist Floortje auf der Intensivstation des AMC im Alter von fünfzehn Jahren gestorben.

Am Freitag, den 5. März, wurde Floortje unter sehr großer Anteilnahme, wie es ihr Wunsch war, eingeäschert, mit vielen Blumen, vielen Kerzen, und der Sarg ist, wie sie es in einem ihrer Gedichte beschrieben hat, zu der Musik von Clannad in die Tiefe gesunken.

Floortjes größter Wunsch war, daß das Tagebuch und die Gedichte herausgegeben würden. Diesen Wunsch konnten wir ihr erfüllen.

Wir haben uns die Aufgabe gestellt, den Erlös aus der Publikation des Buches und eventuelle Spenden der Forschung und der Behandlung krebskranker Kinder zur Verfügung zu stellen.

Zu diesem Zweck wurde inzwischen eine Stiftung gegründet, die *Stiftung Floortje Peneder*, und zwar mit folgenden Zielen:

1. die finanzielle Unterstützung der Stichting Kindergeneeskundig Onderzoek*. Schwerpunkt: Forschung auf dem Gebiet der rezidivierenden (wiederkehrenden) Leukämie.

* Stiftung für die Kinderkrebsforschung

2. direkte sowie indirekte finanzielle Unterstützung von onkologischen Kinderstationen in Krankenhäusern, um in bestimmten Fällen Hilfe zu leisten, in denen andere Quellen oder Versicherungen keine Leistungen erbringen oder über zu geringe Mittel verfügen.

3. andere, vom Stiftungsvorsitz zu bestimmende Ziele auf kinderonkologischem Gebiet.

Wenn Sie aufgrund dieses Buches die Stiftung unter-
stützen möchten, sind wir Ihnen sehr verbunden.

Hans, Hennie und Geertje Peneder

Stiftung Floortje Peneder
Konto-Nr. 3 8 37 64 068 bei: Rabobank Naarden/Bussum,
Bussum
Bankleitzahl: 57 291

Handelskammer Hilversum:
Stiftungsregister-Nr. 194 512

Daan Grol *(14 Jahre)*, 2. März 1993

Vom Leben und Sterben

Deric Longden

Dianas Geschichte

Das Sterben meiner Frau

(75056)

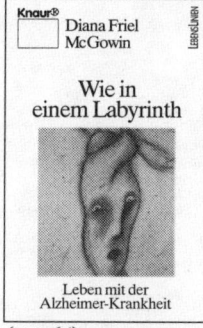

Diana Friel McGowin

Wie in einem Labyrinth

Leben mit der Alzheimer-Krankheit

(75064)

Luree Miller

Langsam entgleiten

Vom allmählichen geistigen Verfall meiner Mutter

(75068)

Karen E. Horowitz Douglas M. Lanes

An deiner Seite

Was Angehörige und Freunde tun können, um Kranken zu helfen

NEUE WEGE NEUE CHANCEN

(84058)

Timothy Quill

Das Sterben erleichtern

Plädoyer für einen würdevollen Tod

NEUE WEGE NEUE CHANCEN

(84053)